HISTORIA DE MÉXICO

Iñigo Fernández

Historia
de México

La Revolución Mexicana
•
Consolidación del
Estado Revolucionario
•
La Transición Política
Siglos XX-XXI

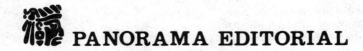

PANORAMA EDITORIAL

HISTORIA DE MEXICO

La Revolución Mexicana/El Estado
Revolucionario/La Transición Política
Siglos XX-XXI

Derechos Reservados
Copyright © 2008 by Iñigo Fernández

Portada: Jorge Peral

Ilustraciones:
José Narro
Tlaoli Ramírez Téllez

Primera edición: 2008
© Panorama Editorial, S.A. de C.V.
   Manuel Ma. Contreras 45-B
   Col. San Rafael 06470 - México, D.F.

Tels.: 55-35-93-48 • 55-92-20-19
Fax: 55-35-92-02 • 55-35-12-17
e-mail: panorama@iserve.net.mx
http://www.panoramaed.com.mx

Printed in Mexico
Impreso en México
ISBN 978-968-38-1697-9

Índice

Introducción

La historia de México en el siglo XX es la historia de un novel Estado que se volcó hacia la búsqueda de una identidad auténtica, propia, que le permitiera consolidarse como la nación en la que habían soñado los grandes pensadores mexicanos decimonónicos.

Sin embargo, el camino seguido fue áspero y difícil, pues inició con el estallido de una revolución social, la primera del siglo XX, que costó la vida a un millón de mexicanos y de la que resultó el surgimiento de un nuevo modelo de Estado mexicano que tuvo como base ciertos principios revolucionarios y, también, determinados defectos heredados de los regímenes anteriores.

Entre continuidades y rupturas transcurrió la vida de este país en el siglo pasado, que no es otra cosa más que la suma de los seres humanos que lo habitaron, de las instituciones que erigieron y de las acciones que realizaron, porque no puede haber historia alguna de un país en la que el ser humano, y todo aquello que le rodea, no sean sus protagonistas.

No ha sido la finalidad de esta obra abundar en fechas y en datos, mucho menos dar cuenta, exhaustivamente, de lo sucedido en México durante los últimos 100 años. Su razón de ser estriba, más bien, en el interés por compartir una visión del último siglo desde la experiencia de la creación y el desarrollo del Estado revolucionario nacional.

Ésta es, pues, una historia en la que los héroes y los villanos han cedido su lugar a los mortales, a aquellos individuos que, como nosotros, tuvieron la oportunidad de cometer errores y aciertos; es también, la narración de la sempiterna lucha entre las permanencias y los cambios en una nación que, desde la roca de su rico pasado, intenta vislumbrar su porvenir. Es, finalmente, una invitación para transitar por algunos episodios fundamentales en la historia mexicana del siglo XX con el deseo de querer disfrutarla a través de una mirada diferente.

1

LA REVOLUCIÓN MEXICANA
(1910-1917)

Causas de la Revolución Mexicana

La situación que atravesaba el país a principios del siglo XX era por demás contradictoria. México era una nación reconocida en el ámbito internacional porque su industria se estaba desarrollando gracias a la llegada masiva de los grandes capitales foráneos; su campo, por primera vez desde la independencia, generaba los excedentes necesarios para favorecer el surgimiento de una clase latifundista con un fuerte poder económico; además, tenía —o al menos simulaba tener— una estabilidad política sólida que hacía pensar a muchos que la época de los levantamientos y de las revoluciones al fin había quedado atrás.

Cierto es que los logros anteriores son indudables, más aún cuando permitieron la modernización del país; sin embargo, lo que cabría cuestionarse son las formas a través de las cuáles se logró lo anterior.

El progreso económico de México durante el porfiriato se sustentó en la explotación de los menos favorecidos, pues campesinos y obreros carecían de leyes que los protegieran y que reconocieran sus derechos, por lo que quedaban a merced de aquellos que los empleaban quienes, usualmente, los obligaban a trabajar de sol a sol por un jornal mísero que, en el caso del campo, no cobraban debido a las deudas acumuladas en las famosas tiendas de raya.

Los capitales europeos y norteamericanos se invirtieron en el país no sólo por la mano de obra barata, sino por la estabilidad política que se había mantenido desde el ascenso de Porfirio Díaz al poder, y también por las facilidades que les ofrecía el gobierno, pues éste prefería venderles minas, tierras, pozos petroleros... a precios irrisorios bajo la premisa de que era mejor sacar algo de provecho —crasas ganancias— de los recursos naturales en vez de que éstos no fueran productivos.

La estabilidad política de México se logró a través de la centralización, geográfica y personal, del poder. Los estados perdieron poco a poco su soberanía para cedérsela a la Ciudad de México, que terminaría de perfilarse como el único centro de toma de decisiones en el país. Por su parte, Porfirio Díaz restó autonomía a los poderes Legislativo y Judicial, a las autoridades estatales, al ejército y hasta a los propios miembros de su gabinete y, para garantizar su continuidad en el poder y equilibrio político de México, se reeligió sistemáticamente en procesos electorales que destacaron por las irregularidades y los flagrantes fraudes cometidos en contra de los votantes.

En un principio, las clases media y alta apoyaron al régimen porfirista y sacrificaron sus libertades políticas a cambio de la paz y de la supuesta tranquilidad social. Este deseo que hoy en día puede parecer aberrante, tenía sentido en el marco de un país que había padecido el caos y la anarquía durante los primeros 50 años de su vida independiente. Claro está que las clases bajas no tuvieron derecho a expresar su opinión y, cuando intentaron hacerlo, fueron reprimidas severamente.

Este panorama cambiaría al inicio del siglo XX. Entre los grupos acomodados surgieron opositores que, en diversos grados, comenzaron a exigir al gobierno importantes cambios políticos y económicos. Ejemplo de ello es el Partido Liberal Mexicano (1902) de los hermanos Flores Magón que, entre algunas de sus propuestas, destacaban las de la no reelección del ejecutivo, el respeto al voto y el reparto de tierras entre los campesinos desposeídos. Como es de suponerse, sus miembros fueron perseguidos hasta que la organización desapareció en 1906.

Los obreros también tuvieron oportunidad de demostrar su descontento con dos huelgas[1] que cimbraron al país no por su éxito, sino por la brutalidad con la que fueron silenciadas: la de Cananea, en Sonora (1906), y la de Río Blanco, en Veracruz (1907).

En medio de un país donde la paz social y la estabilidad comenzaban a desgajarse, se llevó a cabo, en 1907, la famosa *Entrevista Díaz-Creelman* en la que el presidente de México afirmaba: "Tengo firme resolución de separarme del poder al expirar mi periodo, cuando cumpla 80 años de edad —más adelante añadía—, si en la República llegase a surgir un partido de oposición, le miraría yo como una bendición y no como un mal".[2] Bastaron estas palabras para que las clases media y alta comenzaran a organizarse en torno a partidos políticos como el Democrático, el Nacional Democrático, el Nacional Porfirista, el Reeleccionista...

---

[1] En ese entonces la ley no contemplaba la huelga como derecho.
[2] Jesús Silva Gerzog. *Breve historia de la Revolución Méxicana*, 2a. edición, México, FCE, vol. 1, pp. 134-135.

Porfirio Díaz comentó al periodista estadounidense Creelman su decisión de no reelegirse.

No obstante lo anterior, hubo uno en particular que revistió especial importancia por la trascendencia que tuvo en la historia del país: el Nacional Antirreleccionista, cuyo fundador fue Francisco I. Madero.

El joven Madero provenía de una familia de hacendados coahuilenses que, aunque había prosperado durante esta época, también tuvo algunos roces con el general Díaz. En su juventud, Francisco tuvo la oportunidad de estudiar en Francia y en Estados Unidos, países en donde pudo conocer ideas tan dispares como las del espiritismo y la democracia.

En 1908 escribió un libro llamado *La sucesión presidencial*, obra en cuya primera parte reconocía la labor realizada por Porfirio Díaz con frases como: "En lo particular, estimo al general Díaz, y no puedo menos de considerar con respeto al hombre que fue de los que más se distinguieron en la defensa del suelo patrio [...]"; mientras que en la segunda, vertía sobre el presidente una serie de críticas centradas, esencialmente, en materia política: "[...] Con estos acontecimientos comprendí que los que deseábamos un cambio en el sentido de que se respetara nuestra Constitución, y que ésta fuera un hecho, nada debíamos esperar de arriba y no debíamos confiar sino en nuestros propios esfuerzos[...]".

Un año más tarde, en 1909, Madero organizó un club político nacional al que denominó como Antirreleccionista y cuyo lema fue el famoso principio de *Sufragio efectivo, no reelección*. En 1910, año electoral, el partido llevó a cabo una Convención Nacional para elegir a sus candidatos para la presidencia y la vicepresidencia, y resultó electa la fórmula Francisco I. Madero/Emilio Vázquez Gómez.

Esta situación se complicó cuando Porfirio Díaz hizo público su interés por competir en el proceso electoral con el apoyo del Club Central Reeleccionista, en lo que era un claro revés para las aspiraciones democráticas de los mexicanos, pues rota la promesa de no reelegirse, el ejecutivo bien podía utilizar los "trucos" habituales para seguir ocupando la silla presidencial por otros seis años.

Tal vez fue ésta la primera vez en la que Díaz se enfrentó a un serio contendiente por la presidencia. Desestimado por él en un inicio, Madero fue un torbellino que comenzó a aglutinar a la oposición y a perfilarse como la única opción posible para acabar con el régimen, lo cual comenzó a incomodar a Díaz, pues no estaba dispuesto a que un joven e inexperto político le quitara la reelección.

Así, en junio de 1910, Madero se encontraba de gira proselitista en Monterrey; al terminar un mitin, las autoridades de la ciudad lo aprehendieron junto con sus colaboradores acusándoles, infundadamente, de sedición y ofensas a la autoridad; acto seguido, fueron encarcelados en el penal de San Luis Potosí.

La arbitraria reclusión de Madero no sólo le privó temporalmente de su libertad, también le impidió participar en el proceso electoral de julio de 1910 pues la ley, muy clara al respecto, prohibía votar o ser votado a cualquier ciudadano mexicano que estuviera en la cárcel.

Vale la pena señalar que las acciones tomadas por Díaz contra Madero no tenían un origen personal o de venganza contra su familia, no. El político, coahuilense se había convertido en un obstáculo que debía sortear para continuar en la presidencia. Prueba de ello fue que poco tiempo después de que concluyeron las elecciones, Madero y los suyos fueron liberados.

El encierro favoreció a Madero en dos sentidos. Fortaleció su imagen frente a muchos mexicanos que lo veían, ahora, como un mártir político, y también le hizo percatarse de que la única forma de lograr el cambio que tanto anhelaba era a través de las armas, por lo cual marchó a Estados Unidos para preparar dicho cambio.

Ascenso de Francisco I. Madero al poder

Una vez libre, Madero salió del país para refugiarse en la ciudad texana de San Antonio, lugar donde redactó el 5 de octubre su afamado *Plan de San Luis Potosí* en el que, tras abundar en una serie de severas críticas sobre los excesos políticos cometidos por Porfirio Díaz, contenía una serie de propuestas, entre las que destacaban:

1° Se declaran nulas las elecciones para Presidente y Vicepresidente de la República, Magistrados a la Suprema Corte de la Nación y Diputados y Senadores, celebradas en junio y julio del corriente año.

2° Se desconoce al actual Gobierno del general Díaz, así como a todas las autoridades cuyo poder debe dimanar del voto popular [...]

3° [...] Serán respetados los compromisos contraídos por la administración porfirista con gobiernos y corporaciones extranjeras

[…]. Abusando de la ley de terrenos baldíos, numerosos pequeños propietarios, en su mayoría indígenas, han sido despojados de sus terrenos, por acuerdo de la Secretaría de Fomento o por fallos de los tribunales de la República. Siendo de toda justicia restituir a sus antiguos poseedores los terrenos de que se les despojó […].

4° Además de la Constitución y leyes vigentes, se declara Ley Suprema de la República el principio de no reelección de Presidente y Vicepresidente de la República, de los gobernadores de los Estados y de los Presidentes Municipales […].

5° Asumo el carácter de Presidente Provisional de los Estados Unidos Mexicanos con las facultades necesarias para hacer la guerra al Gobierno usurpador del general Porfirio Díaz. […].

7° El día 20 de noviembre, de las seis de la tarde en adelante, todos los ciudadanos de la República tomarán las armas para arrojar del poder a las autoridades que actualmente gobiernan […].

8° Cuando las autoridades presenten resistencia armada, se les obligará por la fuerza de las armas a respetar la voluntad popular pero, en este caso, las leyes de la guerra serán rigurosamente observadas […].[3]

Sin embargo, entre la fecha de redacción del documento y del inicio del movimiento sólo había dos semanas, tiempo insuficiente para difundirlo por la totalidad del territorio nacional. El 19 de noviembre, Madero regresó a México para encabezar una lucha armada que, en realidad, tomaría fuerza y forma entre diciembre de 1910 y enero de 1911.

La Revolución empezó en el norte con los levantamientos armados de Pascual Orozco, Abraham González y Francisco Villa[4], entre otros. Que haya iniciado en esta región la lucha no es de extrañar pues había más grupos políticos y sociales en contra del régimen. Algunos indígenas, como los yaquis y los mayos, guardaban un gran resentimiento por la brutal represión de la que fueron víctimas mientras que los latifundistas, las clases medias y los obreros estaban molestos porque aún seguían sufriendo los efectos de la crisis económica de 1907.

---

[3] *Ibid*, pp. 162-168.
[4] Cuyo verdadero nombre era Doroteo Arango.

Emiliano Zapata,
el caudillo del sur.

En el estado de Morelos, Emiliano Zapata se adhirió al *Plan de San Luis,* a principios de 1911, y se lanzó a la lucha armada. Contrariamente a lo que se suele creer, Zapata no era pobre, pues su familia era de las pocas propietarias en la región; sin embargo, ello no demerita su labor, al contrario, habla bien de alguien que conocía la difícil situación por la que pasaban los peones de las haciendas y tomó las armas para cambiarla.

En un principio, las autoridades políticas del país subestimaron a los revolucionarios y confiaron en que el ejército federal pudiera controlarlos; no obstante, el avance arrollador de los insurrectos en el septentrión del país mostró no sólo el anquilosamiento de las tropas federales, sino la resolución de los levantados por acabar con el régimen existente.

Decidido a revertir la situación, Díaz prometió, en enero de 1911, una serie de medidas como la devolución de tierras a sus antiguos propietarios, el reparto agrario, una auténtica división de poderes y el respeto al principio de la no reelección. Para dar mayor fuerza a sus argumentos, también quiso renovar a la clase política del país al hacer cambios en su gabinete, pero nada funcionó, pues los revolucionarios no estaban dispuestos a dejar las armas, más aún cuando la guerra les era favorable y, además, ¿por qué habrían de confiar en alguien que, en varias ocasiones, no había cumplido sus promesas?

A partir de febrero de 1911, Díaz y Madero mantuvieron una serie de negociaciones extraoficiales para llegar a un arreglo que, en el caso del primero, no implicara su renuncia, condición que era inaceptable para el segundo. La caída de Ciudad Juárez, en mayo, así como el reconocimiento que Madero obtuvo de los líderes revolucionarios como presidente provisional, hicieron que las pláticas se volvieran oficiales y que Díaz tuviera que modificar su postura.

El 22 de mayo se firmaron los *Tratados de Ciudad Juárez* y, si bien partían de la base de que Díaz debería renunciar a la presidencia, su contenido era, en general, favorable para sus partidarios, pues se aceptaba que Francisco León de la Barra —entonces secretario de Relaciones Exteriores— asumiera de manera interina el ejecutivo del país, que Madero licenciara a sus tropas y que, finalmente, no hubiera cambios en los poderes legislativo y judicial, condiciones todas que violaban flagrantemente lo propuesto en el *Plan de San Luis*. Porfirio Díaz renunció a la presidencia a finales de mayo de 1911, saliendo para Europa desde el Puerto de Veracruz.

El interinato de León de la Barra fue breve en duración, sólo seis meses, pero intenso en problemas. Fue imposible conciliar a porfiristas y revolucionarios, pues sus intereses tanto políticos como económicos eran, en muchos casos, opuestos. De igual forma, tampoco se logró que los insurrectos dejaran las armas, ya que para muchos de ellos el levantamiento no había culminado.

Lo anterior dejaba entrever un problema grave: la falta de unidad entre quienes habían combatido contra el gobierno de Díaz. El término "Revolución" era tan ambiguo que cada revolucionario tenía su propia idea del mismo y, mientras que para Madero implicaba el cambio de régimen político, para Zapata comprendía la restitución y el reparto de tierras a través de ejidos, objetivos que aún no se habían logrado.

En noviembre de 1911 se llevó a cabo la elección presidencial que, como era de suponerse, fue ganada por Francisco I. Madero quien, desde un principio, fue muy claro al expresar su interés por llevar a cabo una política conciliadora que acercara a perdedores y vencedores. Para demostrar que ello era una convicción y no mero discurso político, se abstuvo de hacer cambios en los poderes Legislativo y Judicial, así como en el gabinete que había heredado de León de la Barra. Cabe señalar que estas medidas fueron severamente criticadas por muchos de sus seguidores y por la mayoría de los líderes revolucionarios, pues no entendían por qué el presidente no acababa de una vez por todas con el antiguo régimen.

A pesar de las buenas intenciones de Madero, su gobierno fue poco afortunado ya que hubo tantos problemas a los que debió enfrentarse que, en realidad, casi no tuvo tiempo para reorganizar al país bajo las directrices democráticas que deseaba instaurar.

La cuestión del campo se perfiló como el mayor de los problemas. Si bien en el inicio de su gestión creó la Comisión Nacional Agraria para que se encargara de dividir los latifundios y crear pequeños propietarios, en realidad este organismo fue poco eficiente. Para Madero los problemas del país eran políticos, no económicos, de ahí que considerara innecesario hacer transformaciones profundas en la estructura agrícola del país.

Emiliano Zapata no compartía esta opinión y una de las condiciones que puso a Madero para dejar las armas fue la promulgación de una ley agraria que favoreciera la situación de los campesinos restituyéndoles o dotándoles, según fuera el caso, de tierras. Las posturas encontradas de estos caudillos les impidieron llegar a un acuerdo.

Ante el fracaso de las negociaciones, e incómodo por la cercanía del movimiento zapatista, el presidente envió al ejército para que persiguiera y aprehendiera a Emiliano Zapata, quien no solo buscó refugio en la sierra de Puebla, sino que también promulgó, el 25 de noviembre de ese mismo año, el *Plan de Ayala*, entre cuyos puntos más importantes destacan:

2° Se desconoce como Jefe de la Revolución al señor Francisco I. Madero y como Presidente de la República [...], procurándose el derrocamiento de este funcionario.

3° Se reconoce como Jefe de la Revolución Libertadora al C. general Pascual Orozco [...] y en caso de que no acepte este delicado puesto, se reconocerá como jefe de la Revolución al C. general don Emiliano Zapata.

6° Como parte adicional del plan que invocamos, hacemos constar: que los terrenos, montes y aguas que hayan usurpado los hacendados, científicos o caciques a la sombra de la justicia venal, entrarán en posesión de esos bienes inmuebles, desde luego, los pueblos o ciudadanos que tengan sus títulos correspondientes a esas

Emiliano Zapata promulgó el Plan de Ayala *para mejorar la situación de los campesinos morelenses.*

propiedades, de las cuales han sido despojados por mala fe de nuestros opresores [...].

7° [...] se expropiarán previa indemnización, de la tercera parte de los monopolios, a los poderosos propietarios de ellos a fin de que los pueblos y ciudadanos de México obtengan ejidos, colonias, fundos legales para pueblos o campos de sembradura o de labor y se mejore en todo y para todo la falta de prosperidad y bienestar de los mexicanos.

12° Una vez triunfante la Revolución que llevamos a la vía de la realidad, una junta de los principales jefes revolucionarios de los diferentes Estados nombrará o designará un Presidente interino de la República que convocará a elecciones para la organización de los poderes federales.[5]

Mientras que Madero perseguía a Zapata, también tuvo que enfrentar el levantamiento de Pascual Orozco en marzo de 1912, ya que este caudillo estaba molesto con el presidente porque no lo había incluido en su gabinete, por lo que decidió tomar las armas contra el régimen. Su bandera fue el *Plan de la Empacadora*, documento ecléctico con el que pretendía ganarse el apoyo de las mayorías con propuestas diversas, y en ocasiones hasta contradictorias, como las de acabar con las tiendas de raya, disminuir las horas de trabajo, suprimir el trabajo femenino e infantil y otra serie de medidas que, si bien eran atractivas para los grupos menos favorecidos, su puesta en práctica era, sencillamente, imposible.

Fue el apoyo popular el factor que más preocupó a Madero, pues los obreros, los campesinos y, hasta algunos miembros de la clase media, vieron con tan buenos ojos al orozquismo que se adhirieron al movimiento en grandes cantidades. Para frenar esta insurrección, el presidente decidió recurrir a uno de los mejores y más experimentados generales que México tenía en ese momento: Victoriano Huerta; sin embargo, mientras que éste combatió exitosamente a Orozco —a quien derrotó y aprehendió rápidamente cerca de Guadalajara—, Madero tuvo que enfrentar otra serie de problemas en la Ciudad de México.

Los obreros deseaban mejorar su situación económica y laboral y, por ello, comenzaron a organizar sindicatos y huelgas con la consecuente

---

[5] *Ibid*, pp. 287-292.

desaprobación de los patrones que comenzaron a presionar al gobierno para que acabara con el problema. No obstante, la administración maderista fue incapaz de detener a los obreros. Algo similar sucedió con la prensa, pues ésta, en un marco de libertad de expresión total, comenzó a volcar sus críticas contra Madero. Aunque sus asesores le comentaron que tal libertad se debía ir dando paulatinamente, el presidente, por su carácter liberal, decidió eliminar la censura de un solo plumazo. La prensa en México se polarizó, pues mientras que algunos periódicos defendían al gobierno emanado de la Revolución, otros, la mayoría, mantenían una postura crítica y, en ocasiones, agresiva e irreverente contra el ejecutivo nacional. En ese sentido, se puede afirmar que fueron los periódicos los que ayudaron a que la opinión pública se formara un equívoco concepto de Francisco I. Madero como un político incapaz que estaba llevando al país por el camino de la ingobernabilidad completa.

Era un hecho que los grupos porfiristas no estaban dispuestos a seguir permitiendo que esta situación continuara. Añoraban los tiempos previos a la Revolución y deseaban la restauración del régimen anterior. Sabían bien que Porfirio Díaz no estaba dispuesto a regresar y, mucho menos, a volver a ocupar la presidencia del país, sin embargo, ello tampoco era un problema, pues había políticos, militares y hasta familiares que estaban dispuestos a ocupar el cargo. Cuando la ocasión llegó, en 1912, los enemigos del gobierno maderista no dudaron en apoyar los levantamientos armados del general Bernardo Reyes, quien ocupó varios cargos públicos con Díaz, y de Pascual Díaz, sobrino de Porfirio y con quien guardaba un asombroso parecido físico.

Sin embargo, ambas insurrecciones tuvieron problemas logísticos que las condenaron al fracaso. Madero quiso calmar los ánimos a través de la conciliación y, como muestra de la buena voluntad, les permutó la pena de muerte a la que eran acreedores, por ser traidores a la patria, por la de la reclusión en la cárcel de Tlatelolco.

Fue así como llegó el año de 1913, momento en el que el presidente de México tenía el poder legal, pero no real, donde la crisis y la inestabilidad hundían al país, donde la élite económica estaba dispuesta a echar mano de sus recursos para reinstaurar el antiguo régimen, y en donde no había poder o institución alguno capaz de mantener el orden en el país.

Este escenario era insostenible y comenzó a dar de sí el 8 de febrero cuando un grupo de militares, encabezados por el general Manuel

Francisco I. Madero escoltado por los cadetes del Colegio militar en lo que se conoce como "la marcha de la lealtad".

Mondragón, excarceló a Félix Díaz y a Bernardo Reyes con la idea de que alguno de ellos, de preferencia el segundo, depusiera a Madero y ocupara su lugar. Tras ser liberado, Reyes salió con un grupo de soldados rumbo a Palacio Nacional, pero nunca pudo llegar, pues en el camino hubo de enfrentarse a grupos leales al presidente con tan mala fortuna que, en medio del tiroteo, una bala perdida le quitó la vida. Al difundirse la noticia, los insurrectos se refugiaron en el cuartel militar de La Ciudadela.

Fueron estos hechos los que dieron origen al episodio conocido como *La Decena Trágica* que culminaría con la aprensión del presidente y de su vicepresidente.

Cuando las noticias llegaron a oídos de Madero, éste confío de nuevo en Huerta para que derrotara a los rebeldes; sin embargo, Huerta simuló que los combatía y, en cambio, comenzó a negociar con ellos para ver qué prebendas podía obtener.

En esta conspiración también tuvo ingerencia el embajador de Estados Unidos en México, Henry Lane Wilson quien, molesto por el distanciamiento que la administración de Madero había tenido con su país, vio en esta circunstancia la posibilidad de generar un cambio que beneficiaria a los intereses de Estados Unidos; es más, prestó un salón de la embajada norteamericana para que Félix Díaz y Huerta negociaran el futuro de la nación tras la inminente salida de Madero. Acordaron que el segundo sería presidente interino del país y que se encargaría de organizar el proceso electoral para que el primero terminara siendo presidente electo.

Hecho lo anterior, Huerta ya no tenía motivo alguno para seguir simulando. El 18 de febrero dejó de sitiar La Ciudadela, marchó rumbo a Palacio Nacional y apresó a Francisco I. Madero y a José María Pino Suárez, su vicepresidente. Para darle legalidad a este golpe de Estado, Huerta obligó a Pedro Lascurain, presidente interino por ser secretario de Relaciones Exteriores, a hacer un gabinete con una sola cartera: la Secretaría de Gobernación, misma que, como cabe suponer, fue ocupada por el propio Huerta. Sólo bastaron a Lascurain 45 minutos para asumir el cargo, hacer el nombramiento de su único secretario de Estado y renunciar. Fue de esta forma como, dentro de un marco de aparente legalidad, Victoriano Huerta logró ser presidente de México.

El 22 de febrero de 1913, cuando Madero y Pino Suárez salían de Palacio Nacional rumbo a una penitenciaría de donde, supuestamente

Los combates de "la Decena Trágica" se iniciaron en la Ciudadela de la Ciudad de México.

Victoriano Huerta, responsable del asesinato de Francisco I. Madero, es uno de los personajes más destacados de la contrarrevolución.

marcharían rumbo al exilio, fueron asesinados por órdenes del nuevo ejecutivo nacional.

La usurpación de Victoriano Huerta

Ya en el poder, dos fueron los objetivos primordiales de Victoriano Huerta: pacificar al país y obtener el reconocimiento de su gobierno en el ámbito internacional.

Que la calma regresara a México era una labor que dependía de la adhesión de los revolucionarios al gobierno huertista. Pascual Orozco, recién salido de la cárcel, se entrevistó con el presidente y aceptó no tomar las armas, no así Zapata que, al volver a ser ignoradas sus demandas agrarias, se mantuvo en rebeldía. Por su parte, Venustiano Carranza, compañero de armas de Madero, no sólo rechazó el ofrecimiento, sino que promulgó, el 23 de marzo, el *Plan de Guadalupe* cuyos artículos más relevantes son:

1° Se desconoce al general Victoriano Huerta como Presidente de la República.

4° Para la organización del ejército encargado de hacer cumplir nuestros propósitos, nombramos como Primer Jefe del Ejército que se

Con el Plan de Guadalupe *Venustiano Carranza desconocía el régimen de Victoriano Huerta y se levantaba en armas en su contra.*

denominará "Constitucionalista"[6], al ciudadano Venustiano Carranza, Gobernador del Estado de Coahuila.

5° Al ocupar el Ejército Constitucionalista la Ciudad de México, se encargará interinamente del Poder Ejecutivo al ciudadano Venustiano Carranza, Primer Jefe del Ejército, o quien lo hubiere sustituido en el mando.

6° El Presidente Interino de la República convocará a elecciones generales tan luego como se haya consolidado la paz, y entregará el Poder al ciudadano que hubiere sido electo.[7]

Con este plan bajo el brazo, Carranza se dio a la tarea de convencer a los demás líderes revolucionarios de que se unieran a su ejército constitucionalista para crear un frente único contra el régimen de Victoriano Huerta, al que definían como ilegítimo por haber emanado de un golpe de estado. Esta labor fue poco menos que titánica pues implicó, entre otros tantos elementos, conciliar intereses diversos y personalidades opuestas. Logrado lo anterior, el ejército constitucionalista encabezado por Carranza se organizó de la siguiente forma:

I. Álvaro Obregón en el norte, centro y occidente.
II. Francisco Villa en el norte y sur (rumbo a la capital).
III. Pablo González en el norte y sur (por el litoral).
IV. Emiliano Zapata en los alrededores de la Ciudad de México.

Al principio, Huerta no se preocupó por el ejército carrancista, pues creía que las diferencias entre sus caudillos eran tan fuertes que, con el paso del tiempo, no tardarían en aflorar y en acabar con la unidad del movimiento. Además, tenía cosas más importantes en las que preocuparse, como la creciente oposición que el poder Legislativo le mostraba.

Un número importante de diputados y de senadores rechazaban la presidencia de Huerta por ser ilegítima y por estar rodeada de un halo de violencia que se podía palpar cotidianamente en las calles de la ciudad de México. Cuando las amenazas no bastaron para acallar la re-

---

[6] Se llamaba *Constitucionalista* no porque se deseara dar una nueva Constitución al país, sino porque se defendía la idea de que se respetara la vigente, de 1857.

[7] Jesús Silva Herzog. *Breve historia de la Revolución Mexicana*, 2a. edición, México, FCE, vol. 2, pp. 42-43.

Francisco Villa fue un revolucionario cuya vida y obra han inspirado un sinnúmero de leyendas.

beldía de los miembros del poder legislativo, el presidente tomó acciones y ordenó el asesinato de los diputados Edmundo Pastelín, Adolfo G. Gurrión y Serapio Rendón, así como del senador chiapaneco Belisario Domínguez. De igual forma, en octubre de 1913, disolvió las dos cámaras, convocó a elecciones para renovar el poder legislativo y, tras un fraude electoral de grandes dimensiones, logró investir a amigos e incondicionales suyos como diputados y senadores federales.

Frente al pueblo, Huerta mantuvo una política "de pan y palo", es decir, de concesión y de represión. Comenzó a repartir tierras entre algunos campesinos desposeídos, a construir casas, que hoy en día se conocen como de interés social, para los obreros, y a dar días libres a los trabajadores; pero con la misma facilidad, mandó encarcelar y matar a aquellos obreros, campesinos y demás trabajadores que obstaculizaban sus proyectos.

Mientras tanto, el gobierno norteamericano veía con interés y preocupación, lo que pasaba en México. Por un lado, el presidente Woodraw Wilson se negaba a reconocer el gobierno de Huerta por ser ilegítimo pero, por el otro, ninguno de los caudillos revolucionarios destacados se perfilaba como el candidato idóneo para ocupar su lugar: Villa era,

La lucha del Ejército Constitucionalista contra Victoriano Huerta fue muy dura.

ante sus ojos, un bandolero, a Zapata le faltaba preparación, y Carranza poseía un nacionalismo demasiado fuerte.

El tiempo pasaba y los revolucionarios continuaban avanzando unidos. Huerta consideró que la forma más viable para detenerlos era obtener el reconocimiento norteamericano como presidente legítimo de México. No obstante, la postura de la administración de Wilson fue muy tajante y firme al respecto: obtendría el reconocimiento si cumplía con dos requisitos: que convocara, lo antes posible, a elecciones y que él no pudiera participar en ellas.

Huerta rechazó la propuesta porque implicaba su salida del poder pero, al hacerlo, permitió al gobierno estadounidense ayudar a los revolucionarios, en particular a Carranza por ser el jefe del ejército constitucionalista y, además, por tratarse, en términos coloquiales, "del menor de los posibles males".

La ayuda norteamericana se dio por dos vías. En la primera, se eliminaron las restricciones para la venta de armas a México —siempre que los constitucionalistas fueran quienes las compraran—, mientras que la segunda consistió en invadir el puerto de Veracruz en 1914 para impedir que el régimen huertista obtuviera armas de Europa.

Huerta quiso utilizar esta invasión como un pretexto para fomentar la unión de todos los mexicanos contra el invasor extranjero; sin embargo, ello no funcionó pues los revolucionarios hicieron caso omiso al

Entrada de Venustiano Carranza y las fuerzas revolucionarias en la Ciudad de México.

llamado y continuaron con su avance por el territorio nacional frente a un ejército federal cada vez más débil y desmotivado.

En el marco de semejante panorama, Victoriano Huerta no tuvo otra opción más que la de darse por vencido y renunciar a la presidencia del país el 15 de julio de 1915, para salir rumbo a Estados Unidos y morir ahí a los pocos meses.

La lucha por el poder

Los revolucionarios ocuparon la Ciudad de México y, de acuerdo con lo pactado en el *Plan de Guadalupe*, Carranza fue nombrado presidente provisional del país y él, a su vez, convocó a la convención de revolucionarios.

Fue justo en ese momento cuando las divisiones entre los líderes revolucionarios surgieron. La convención había sido organizada en la capital del país, territorio netamente carrancista y, por ello, no era del agrado ni de Villa ni de Zapata quienes, además, señalaron que dicha reunión, tal como la había organizado el presidente provisional, no consideraba las demandas sociales de los mexicanos.

El resultado fue que Villa y Zapata se marcharon a Aguascalientes y, en octubre, organizaron su propia convención que destacó no sólo por propuestas de carácter social como fomentar el reparto agrario, dar pensiones a las viudas de los revolucionarios y poner límites a la jornada laboral diaria, sino también porque en ella se nombró al villista Eulalio Gutiérrez como presidente del país.

Como era de esperarse, Carranza no reconoció la Convención de Aguascalientes y decidió, por cuestiones tácticas, trasladar la capital de su gobierno a la ciudad de Veracruz que recientemente había sido desocupada por las tropas norteamericanas.

En enero de 1915, era un hecho que la lucha armada continuaría en México, sólo que ahora iba a ser una disputa entre los líderes revolucionarios para ver quién se quedaba con el poder. Villa y Zapata tenían una ventaja inicial porque poseían un fuerte arraigo social que se veía reflejado en el numeroso tamaño de sus ejércitos. Carranza sabía que para poder combatirlos debía engrosar el número de soldados a sus órdenes, y que la única forma de conseguirlo era añadiendo a su ideario propuestas de carácter social, de ahí que publicara las *Adiciones al Plan de Guadalupe* con las que se manifestaba a favor del reparto agrario, de

La caballería villista fue atacada y derrotada por las tropas obregonistas en la Segunda Batalla de Celaya.

mejorar las condiciones laborales y económicas de los campesinos, obreros y demás trabajadores, así como de la implantación de un régimen tributario equitativo que diera al gobierno los recursos económicos necesarios para auxiliar a los mexicanos más pobres.

El año de 1915 fue trascendental para el desarrollo de la Revolución en el país. A pesar de que la ventaja inicial la tenían los villistas y zapatistas, conocidos como convencionistas, por ser más numerosos y haber ocupado la Ciudad de México, con el transcurso de los meses la balanza se fue inclinando a favor de Carranza por contar tanto con el apoyo norteamericano como con el de generales capaces de la talla de Pablo González y Álvaro Obregón.

En gran medida, lo anterior se consiguió gracias a las derrotas que Obregón asestó al ejército villista en las batallas de Celaya. La primera tuvo lugar el 6 de abril de 1915 cuando las tropas de Villa intentaron tomar por la fuerza la plaza de Celaya; sin embargo, fracasaron pues Obregón, quién estaba a cargo de su defensa, lanzó a la caballería en contra del Centauro del Norte. Los villistas huyeron en desbandada y dejaron en el campo de batalla casi a 2,000 muertos. La segunda se dio una semana más tarde, tiempo en el que Villa reinició los ataques para ocupar la ciudad. Tras varios días de desgastante lucha, Obregón echó mano de la caballería para derrotar nuevamente a Villa —quien perdió a más de 4,000 hombres—, en lo que sería el fin del villismo como movimiento revolucionario. Los villistas intentaron hacerse fuertes en la ciudad de León, Guanajuato, pero fueron también derrotados. En estos últimos combates el general Obregón fue herido en el brazo derecho por un casco de metralla sufriendo la amputación del mismo.

En 1916, Carranza recuperó la ciudad de México y, con ello, asestó un duro golpe a los ejércitos villista y zapatista que, poco a poco, fueron perdiendo hombres y plazas por todo el país. Entonces, Villa atacó a la ciudad estadounidense de Columbus, Santa Fe, con la intención de provocar un conflicto entre Estados Unidos y México, pues sabía que el gobierno norteamericano presionaría a Carranza para que permitiera la entrada de sus tropas a México con la finalidad de atrapar a Villa y que, con algo de fortuna, el jefe del constitucionalismo se opondría a ello. No obstante, las cosas no salieron como lo había planeado, pues Carranza autorizó que un grupo de soldados estadounidenses penetraran en territorio nacional para aprehender a Villa y, aunque nunca lo lograron, este hecho marcó el final del villismo como fuerza revolucionaria en el país, justo en un momento en el que Zapata ya había roto sus vínculos con dicho movimiento y se encontraba prácticamente aislado en el estado de Morelos.

El triunfo del carrancismo y la Constitución de 1917

En diciembre de 1916, Carranza, triunfador virtual de la lucha armada, decidió convocar a un congreso constituyente. Si bien su idea inicial era la de hacer respetar a la carta magna de 1857, la Revolución había generado tantas expectativas y cambios en el país que era necesario dotarle de una nueva Constitución.

El congreso, formado exclusivamente por seguidores suyos, se reunió en la ciudad de Querétaro en diciembre de 1916 y sesionó hasta febrero de 1917, mes en el que se promulgó la Constitución que hoy en día rige la vida política de México. A pesar de que son muchos los artículos que la conforman y poco el espacio que se tiene para explicarlos, vale la pena hacer una breve mención de aquellos que retomaron los principales ideales revolucionarios y que, con el paso del tiempo, se convertirían en pilares de la vida política y económica del país.

3° Establece que la educación que imparta el Estado mexicano debe ser obligatoria, laica y gratuita y que éste puede permitir a los particulares (siempre que no sean miembros de alguna iglesia) que participen en dicho proceso con la condición de que se apeguen a los contenidos programáticos ofrecidos por la Secretaría de Educación Pública.

27° Establece que el suelo y subsuelo pertenecen a la Nación y que ella puede concesionarlos a los particulares en función de sus intereses y a través de dos tipos de propiedad: la privada y la comunal. Se especifica que ninguna corporación religiosa podrá ser propietaria del suelo o subsuelo por carecer de personalidad jurídica.

123° Regula las relaciones laborales en el país. Además de reconocer los derechos de los trabajadores mexicanos, como el de huelga o el de recibir un salario en moneda nacional, otorga al Estado el derecho de intervenir en los conflictos obreros-patronales para ayudar en la búsqueda de soluciones.

130° Regula las relaciones entre las corporaciones religiosas y el Estado bajo el principio de separación entre ambos grupos. Se establece que los miembros de las iglesias, al igual que éstas, carecen de persona-

Venustiano Carranza convocó a un congreso constituyente para que redactara una Carta Magna que retomara los principios básicos de la Revolución.

Venustiano Carranza fue el primer presidente por elección popular desde la muerte de Francisco I. Madero, cuatro años atrás.

lidad jurídica por depender de una autoridad extranjera[8] y que, en consecuencia, no podrán ser propietarios de bien alguno ni tener participación en la política interna (desde expresar sus opiniones en la materia hasta votar por candidato alguno).

En marzo de 1917, se llevaron a cabo elecciones generales, las primeras desde 1911, para elegir a los representantes de los tres poderes de la unión. No hubo sorpresa alguna y Venustiano Carranza resultó electo como presidente del país para el periodo 1917-1920 con un total de 98% de la votación.[9] Con este acontecimiento, la Revolución debía dejar la etapa armada para pasar a la política.

---

[8] En realidad se hace referencia al Papa pues este artículo, aunque se refiere a las iglesias en general, está pensando para la católica por ser la mayoritaria, la más fuerte y la que más problemas había ocasionado a los gobiernos liberales en el México del siglo XIX.
[9] Véase Pablo González Casanova. *La democracia en México*, México, 16a. edición, ERA, 1985, p. 230.

2

LA CREACIÓN DEL ESTADO REVOLUCIONARIO

(1917-1928)

La presidencia de Venustiano Carranza

Una vez en el poder, Venustiano Carranza se planteó como misiones primordiales la pacificación del país y la creación de un Estado revolucionario fuerte, capaz de convertirse en el motor del desarrollo político y económico de México.

Para imponer orden, el nuevo presidente tomó como primera medida convocar a elecciones para renovar los poderes Ejecutivo y Legislativo estatales y ocuparlos con gente leal a él. Por la inestabilidad propia del país, este proceso electoral no se pudo celebrar en Morelos, Chihuahua, Tlaxcala, San Luis Potosí, Veracruz, Chiapas, Jalisco y Michoacán debido a la existencia de grupos aún levantados en armas, pero en el resto de las entidades federativas, en donde sí se llevaron a cabo las elecciones, triunfaron la mayoría de los candidatos carrancistas.

Una parte fundamental del proceso de pacificación, aspecto primordial en los planes del presidente, era la reforma militar. La lucha armada de 1910-1917 favoreció el hecho de que cada líder revolucionario organizara sus propios ejércitos con soldados que, en la mayoría de los casos, eran campesinos pobremente armados sin preparación bélica alguna. Cuando Carranza llegó a la presidencia, se dio cuenta de que tenía un ejército fraccionado, improvisado y leal a sus líderes, no al Ejecutivo federal, por lo que decidió actuar de inmediato. Pactó con los líderes militares más fuertes, disminuyó el número de soldados y oficiales a través de una política de retiros anticipados, estableció un mayor control sobre el armamento y abrió nuevas escuelas militares para que los oficiales recibieran una formación castrense profesional. Los logros de esta reforma son difíciles de determinar, pues si bien el presidente no consiguió hacer del ejército una institución leal que pudiera considerarse como la columna vertebral de su gobierno, al menos pudo allanar el camino para que las siguientes administraciones lograran cumplir con este objetivo.

Las victorias de Francisco Villa en el campo de batalla se debieron, en gran medida, a los planteamientos tácticos de Felipe Ángeles.

Como se comentó anteriormente, había regiones en las que aún existían levantamientos armados y en donde, consecuentemente, la autoridad de Carranza era débil. Se trataba de una situación difícil de resolver, pues al problema del ejército se sumaba la ausencia de recursos económicos suficientes para combatir a todos los insurrectos. Aunque se había aprehendido y ajusticiado en 1919 a Felipe Ángeles, lugarteniente de Francisco Villa, uno de los insurrectos que mayor peligro entrañaba para el gobierno por su importancia y por su cercanía con la Ciudad de México era Emiliano Zapata. Sólo a través de una traición, método usual en la época, Carranza consiguió que Zapata fuera asesinado en San Juan Chinameca en abril de 1919. Curiosamente, el homicidio de un caudillo de la Revolución por órdenes de otro caudillo revolucionario significó un paso firme en favor de la pacificación del país.

Otro aspecto fundamental para el gobierno carrancista era el control de los campesinos y los obreros. Estos grupos habían sido fundamentales para el triunfo durante la lucha armada y ahora, cuando ésta había terminado, revestía vital importancia poder controlarlos y someterlos a los intereses políticos y económicos del Estado revolucionario que se estaba construyendo.

Desde el inicio de la Revolución, los obreros lucharon por obtener mejoras que se manifestaran en salarios dignos, jornadas más cortas, mayores medidas de seguridad en las fábricas... Si bien ya existían varias agrupaciones sindicales que los representaban, entre sus líderes prevalecía la voluntad de formar una entidad nacional que agrupara a las organizaciones obreras.

En 1916, se llevó a cabo en Veracruz la primera reunión de sindicatos mexicanos en la que se acordó la creación de esta organización obrera nacional; sin embargo, no se pudo llegar a un acuerdo porque surgieron dos propuestas en torno a la postura que debería tomar esta agrupación frente al gobierno. La primera estaba a favor de que fuera un grupo de oposición que lograra el cumplimiento de las demandas de sus agremiados presionando a las autoridades políticas; en cambio, la segunda abogaba por la conciliación y la colaboración con el gobierno para obtener el mismo resultado.

En 1917 se volvió a organizar otra convención sindical, ahora en Tampico, con la finalidad de que los obreros determinaran qué camino era el que deseaban seguir. Terminó triunfando el del acercamiento con la autoridad y, una consecuencia de lo anterior fue la fundación en 1918 de la Confederación Regional de Obreros Mexicanos (CROM) que nació con la consigna de unificar a los trabajadores del país para que pudieran gozar de una mayor incidencia en la política nacional y, a la par, mejoraran sus condiciones de trabajo y de vida. Su líder era Luis Napoleón Morones, un antiguo tipógrafo y empleado de teléfonos que desde el inicio aceptó el control estatal sobre la CROM siempre y cuando él pudiera obtener algún beneficio de ello. Así fue como nació el sindicalismo gubernamental en México.

La lucha armada había sembrado más hambre y más miseria en el campo mexicano. En su fuero interno, Carranza no estaba de acuerdo ni con el reparto agrario ni con el desmantelamiento de los grandes latifundios, pues eran éstos, y no los ejidos, los verdaderos graneros del país. Además, los dueños de estas grandes extensiones de tierra aún seguían teniendo mucho poder político local y, en algunos casos, nacional, que podían complicarle las cosas.

Sin embargo, tampoco deseaba desoir las demandas de dotación de tierras, pues los campesinos seguían siendo la mayoría de los habitantes del país, por lo que creó la Comisión Nacional Agraria que, en principio, debía encargarse de todo lo relacionado con el reparto de tierras, aunque en la práctica la obstaculizó a través de una serie de trámites complejos que eran casi imposibles de cubrir por la mayoría de los campesinos mexicanos.

En realidad, Carranza era de la idea de que si se daban tierras a los campesinos, deberían de ser pequeñas propiedades —tal como había sucedido en Estados Unidos— por ser más productivas que los ejidos; sin embargo, el problema que observaron tanto él como sus sucesores fue que los hombres del campo mexicano preferían, tal vez por costumbre, los ejidos por encima de cualquier otro tipo de propiedad territorial.

La política exterior del gobierno carrancista fue de gran trascendencia porque marcó el rumbo a seguir de las siguientes administraciones ya que, a diferencia de la aplicada en tiempos de Porfirio Díaz, se caracterizó por ser nacionalista y por regirse bajo el principio de la igualdad entre todas las naciones y del respeto mutuo tanto de sus leyes como de sus soberanías. En pocas palabras, que ningún gobierno tenía derecho de intervenir en los asuntos internos de otro.

La construcción de un Estado fuerte exigía también el reestablecimiento económico del país en cuanto a que la lucha armada había quebrantado en su totalidad a la economía mexicana. El sistema bancario creado durante el porfiriato quedó desarticulado, la incipiente industria que, en la misma época estaba floreciendo, virtualmente desapareció, los bolsillos de la gente se encontraban amenazados por la galopante inflación, y la moneda mexicana se había devaluado 1,000%. Por si ello fuera poco, el país carecía de recursos financieros porque los capitales extranjeros ya no invertían en México, y los nacionales habían salido rumbo a Estados Unidos y Europa.

Para poder paliar la severa crisis económica por la que atravesaba el país, el gobierno tomó varias medidas. Se fortaleció el peso sacando a la circulación nuevos billetes infalsificables y retirando aquellos que en la lucha armada habían emitido los diferentes grupos revolucionarios. Sin embargo, como los billetes no eran del agrado de la población, por ser papeles que a sus ojos carecían de valor, fue necesario comenzar a acuñar monedas de plata que, por si mismas, estaban respaldadas y generaban más confianza en la mayoría de la población.

Para favorecer a las empresas, se inició la construcción de un censo industrial por medio del que las autoridades podrían hacerse de una idea más o menos acertada del estado en el que había quedado este ramo tras siete años de combates. Asimismo, se impulsó a los empresarios nacionales, principalmente a los comerciantes e industriales, para que se organizaran con la fundación de la Confederación de Cámaras Industriales (CONCAMIN).

Para Carranza, también era importante que el Estado se hiciera de más recursos para poder trabajar cabalmente y transformarse, de manera paralela, en el motor del desarrollo económico. Por ello, en 1917 decidió cobrar un impuesto del 10% sobre cada barril de petróleo que saliera del país. Cabe recordar que entonces la explotación de este recurso natural se encontraba en manos de compañías extranjeras, principalmente estadounidenses, inglesas y holandesas.

Asimismo, también quiso aplicar el artículo 27° constitucional al obligar a los dueños de los pozos petroleros, sin importar su procedencia ni su antigüedad, a pedir al gobierno mexicano la concesión, ya no la venta, de los yacimientos descubiertos de este hidrocarburo

Para el Departamento de Estado norteamericano, tales demandas eran, además de ilegales, excesivas; sin embargo terminó por acceder a cambio de que el gobierno mexicano no aceptara la invitación que le extendió su similar alemán, a través del telegrama Zimermann, para que se uniera a su bando en la Primera Guerra Mundial a cambio de recuperar los territorios perdidos a lo largo del siglo XIX.

El conjunto de estas medidas económicas no palió la crisis por la que atravesaba México, pero, en cambio, significó el establecimiento de las bases del crecimiento económico del país en las décadas siguientes.

Con el paso de los meses, Carranza comenzó a perder fuerza entre los diversos grupos políticos que lo habían apoyado durante el conflicto bélico y al inicio de su gestión, como resultado de la falta de logros importantes y contundentes, pero también por el distanciamiento que había tenido con Álvaro Obregón, su brazo derecho por años.

Obregón fue nombrado secretario de Guerra por Carranza, pero pronto renunció al cargo, pues deseaba preparar con tiempo su candidatura para las elecciones presidenciales de 1920. Se trataba de un joven carismático que supo irse granjeando con maestría las simpatías de los militares importantes, de los caciques y, a últimas fechas, de quienes le retiraban su apoyo al presidente.

1919 era el año en el que se debía preparar el proceso electoral federal a celebrarse en 1920. Carranza no estaba seguro de la forma en la que debía de proceder pues, por un lado, tenía que acatar la ley, esa misma que él había mandado crear y que estaba concentrada en la Constitución de 1917; pero, por el otro, consideraba que llamar a elecciones en ese momento no era conveniente ya que podían acabar con la incipiente y relativa estabilidad política que el país comenzaba a gozar. A final de cuentas decidió que lo mejor era respetar el marco legal y convocar a elecciones.

Los partidos políticos que entonces tenían una representación nacional, como el Liberal Constitucionalista y el Laborista, no dudaron en apoyar la candidatura de Obregón quien, viéndose fortalecido, comenzó a acusar al presidente de corrupto, de antidemócrata y de haber hecho naufragar la Revolución. Fue precisamente en este momento cuando el rompimiento entre los caudillos se hizo manifiesto.

Los ataques volcados en su contra molestaron a Carranza porque más allá de que fueran verídicos o no, tenían un carácter netamente electorero. En consecuencia, decidió crear el Partido Nacional Demócrata y favorecer la candidatura del ingeniero Ignacio Bonillas, anteriormente embajador de México en Estados Unidos y que, por muchos años, había vivido en dicha nación. Ello no fue obstáculo alguno para Obregón en la medida en que Bonillas jamás gozó de apoyo popular, pues era un civil —la sociedad prefería entonces gobiernos militares— y, principalmente, por ser un títere de Carranza.

Las disputas entre el presidente y Obregón tomaron un giro diferente cuando aquel comenzó a tener problemas con el estado de Sonora, del que era originario Obregón. El gobernador de esta entidad federativa, Adolfo de la Huerta, afirmaba que las aguas del río Sonora tenían un carácter estatal y que, en consecuencia, los sonorenses no estaban obligados a compartirlas con sus vecinos. El tema era añejo y siempre había resultado molesto para el gobierno nacional que, desde el inicio, afirmó que dicho río era federal. Carranza conocía la amistad que unía a de la Huerta con Obregón y quiso utilizar esta coyuntura para atacar a su rival.

En 1919 el presidente inició su ataque. Firmó un decreto por el que establecía que las aguas del río Sonora eran federales, destituyó al jefe de operaciones militares en la zona por ser un incondicional del gobernador y comenzó a enviar tropas a Sonora para que, supuestamente, combatieran a los indios yaquis cuando en realidad se deseaba evitar que de la Huerta se levantara en armas.

Las acciones anteriores mostraron ser un desatino por parte de Carranza, ya que su efecto fue contrario al esperado. La llegada de más tropas fue causa suficiente para que el estado de Sonora rompiera con el centro y se levantara contra la federación. El 23 de abril de 1920 un grupo de generales sonorenses, entre los que se encontraban Adolfo de la

Huerta, Plutarco Elías Calles y Francisco Serrano, proclamaron el *Plan de Agua Prieta* con el que, esencialmente, desconocían a Carranza como presidente del país, dejaban en su lugar, como interino, a Adolfo de la Huerta y proponían que éste convocara a elecciones una vez que la calma fuera restituida. Una porción considerable del ejército se adhirió al documento porque era un secreto a voces que detrás se encontraba Obregón, caudillo que, para muchos oficiales de alto rango, era ya un hecho que sería el siguiente en ocupar la silla presidencial.

Frente a un panorama poco alentador en el que las posibilidades de éxito eran escasas, Carranza decidió trasladar su gobierno a Veracruz, tal como lo había hecho en 1914, para organizar la contraofensiva desde ahí. La salida fue bastante desordenada y accidentada, pues nada más iniciar el viaje, el tren comenzó a ser atacado por grupos rebeldes.

Al llegar a Puebla, las noticias eran poco alentadoras, ya que Carranza fue notificado de que habían sido voladas las vías unos kilómetros más adelante. Decidido a continuar con su empresa, dio la orden de continuar el viaje por la sierra a pie. Cuando la noche cayó, los viajeros decidieron descansar en un pequeño pueblo llamado Tlaxcalantongo. A las tres de la mañana del 21 de mayo de 1920, varios hombres atacaron el jacal donde dormía el presidente y lo asesinaron. Dos días después, el 23, Adolfo de la Huerta asumía el cargo de presidente provisional de México. El gobierno delahuertista duró tan sólo seis meses, tiempo justo para poner en orden a los levantados y organizar, de manera que favoreciera a Obregón, las elecciones para renovar los poderes federales Ejecutivo y Legislativo.

Tal vez el mayor problema al que se enfrentó de la Huerta, y que no pudo solucionar, fue el del reconocimiento de su gobierno por parte de Estados Unidos. El tema era delicado y, a la vez, de suma importancia, pues obtener el aval de las autoridades norteamericanas significaba, entre otras cosas, que el régimen surgido del levantamiento de Agua Prieta, un movimiento militar contra un gobierno legalmente establecido, adquiriera legitimidad ante los ojos de los mexicanos y del resto de las naciones. Representantes de ambos países se reunieron en varias ocasiones, aunque no pudieron llegar a un acuerdo ya que las condiciones impuestas por los estadounidenses eran ventajosas para ellos, pues implicaban, entre otros aspectos, la derogación de todas aquellas leyes que afectaban sus intereses económicos.

Venustiano Carranza cabalga por la sierra de Puebla rumbo a Veracruz.

El mandato de Álvaro Obregón se caracterizó por el uso de carisma y de la mano dura para resolver los problemas.

La presidencia de Álvaro Obregón

El 1° de diciembre de 1920, Álvaro Obregón asumió la presidencia del país para el periodo 1920-1924 tras haber obtenido el 95% de los votos.[10] Al igual que su antecesor, y por contradictorio que pudiera parecer, deseaba construir un Estado sólido, fuerte, capaz de centralizar e institucionalizar el poder y de fomentar el desarrollo económico del país.

Si bien Carranza había dado pasos importantes en la pacificación del territorio, Obregón sabía que la labor no había acabado, pues aún existían pequeños feudos políticos y militares que mostraban franca rebeldía y que se habían convertido en un obstáculo para la centralización del poder.

De nuevo, el ejército fue un elemento esencial en la lucha contra los rebeldes, por lo que Obregón continuó con las reformas iniciadas tres años atrás: redujo el número de efectivos y creó colonias militares para reubicar a las tropas licenciadas y a sus familias, organizó nuevos espacios de formación técnica para que el ejército comenzara a fabricar sus armas y disminuyeran los gastos generados por su importación y, finalmente, redujo de manera paulatina el presupuesto militar que pasó de ser el 51% del gasto público en 1921 al 33% tres años después. Esta

---

[10] Véase Pablo González Casanova. *Op. cit*, p. 230.

última medida podría parecer contraria para los intereses del gobierno, porque debilitaba financieramente al ejército, pero no lo fue, pues con ella se logró limitar los recursos económicos de las fuerzas armadas para hacerlas más dependientes del gobierno y, también, para dificultar en el futuro los levantamientos entre sus filas.

Fue a través del ejército como Obregón combatió frontalmente a los caciques y a todos aquellos que se negaban a someterse al control del poder federal, por lo que no fue raro que durante el transcurso de su presidencia, el ejército se encontrara en una constante campaña militar desarrollada en los diversos focos autonomistas.

Otro recurso para centralizar el poder fue la creación de partidos. Entre 1920 y 1924 surgieron una gran variedad de organizaciones políticas, algunas de ellas gracias al apoyo del gobierno federal, situación que ayudó a generar un ambiente de aparente democracia pues, al existir una gran variedad de partidos, se pensaba que los mexicanos creerían que podrían votar por aquel que consideraran el más conveniente. A pesar de ello, esta medida también respondía a los planes que el presidente tenía de crear un Estado revolucionario sólido, pues gran parte de estos organismos políticos comenzaron a infiltrarse, bajo el amparo de Obregón, en las regiones controladas por los caciques para restarles fuerza y apoyo popular.

Otro aspecto importante que llamaba la atención al obregonismo era la cuestión obrera. En esa época, México seguía siendo un país campesino, a pesar de lo cual, era un hecho que con el paso del tiempo los obreros se convertirían en el grupo mayoritario, de ahí la importancia de que el gobierno afianzara su control sobre este grupo.

La CROM se convirtió en uno de los pilares del régimen y, a cambio, contó con el apoyo oficial para crecer y tomar bajo su tutela a un mayor número de trabajadores. No cabe duda de que se trató de una relación simbiótica en la que el gobierno y la organización laboral se vieron favorecidos, no así los obreros que veían cómo iban perdiendo poco a poco su autonomía sin poderla defender.

Cierto es que Morones y Obregón colaboraron estrechamente, muestra de ello fue la penetración de la CROM, con recursos financieros y materiales del gobierno, en aquellas regiones que, como Tamaulipas y Yucatán, no deseaban perder parte de su autonomía frente al gobierno federal. Así fue como el presidente echó mano de los obreros para combatir al caciquismo.

También la CROM se vio beneficiada con esta labor pues, además de que se afiliaron más obreros, también permitió que sindicatos fuertes como los de mineros, petroleros y funcionarios públicos se integraran a ella para perfilarla como la organización sindical más fuerte del país.

Los campesinos también eran un sector a considerar en la formación del nuevo Estado debido a su tamaño, su peso social y por estar cifrada en ellos gran parte de la estabilidad política. A diferencia de Carranza, Obregón promovió más activamente el reparto agrario pero, al igual que él, se opuso a la creación de ejidos. Deseaba impulsar la pequeña propiedad privada para asentar las bases de una agricultura más productiva y moderna en México que pudiera sustituir, en el largo plazo, a los grandes latifundios contra los que había luchado la Revolución; sin embargo, como sabía que los campesinos deseaban ser dotados de ejidos, se los concedió con una condición: que el trabajo al interior fuera individual, es decir, que a cada familia se le asignara un lote del que sería responsable frente al resto de la comunidad. En realidad fue un intento por preparar a los campesinos para que pudieran dar el paso hacia la pequeña propiedad privada.

Frente a lo anterior, los latifundistas extranjeros se alarmaron porque bajo ningún motivo deseaban que sus tierras fueran afectadas por el gobierno mexicano; es más, muchos llegaron hasta el extremo de pensar que con Obregón desaparecería la totalidad de los latifundios. Nada más lejos de la realidad, pues el presidente tenía la certeza de que eran los latifundios los que alimentaban al país y que, por ello, desmantelarlos era simplemente impensable.

A final de cuentas, lo que se hizo para tener contentos tanto a los campesinos como a los latifundistas, fue dotar de tierras a los primeros quitándoles a los segundos aquellas parcelas que no estaban trabajando. Pese a lo anterior, es un hecho que el reparto agrario obregonista fue insuficiente, aunque no culminó en un levantamiento campesino gracias a la latente posibilidad de que en ese o en gobiernos posteriores los reclamos agrarios fueran escuchados y solucionados.

Obregón estaba consciente de que el desarrollo económico del Estado se encontraba estrechamente vinculado a las inversiones extranjeras en la medida en que el país se había descapitalizado durante la lucha revolucionaria. En esos tiempos, el único inversionista viable era Estados Unidos, pues las naciones europeas se encontraban sumidas en una severa crisis económica, consecuencia de la recién terminada Primera Guerra Mundial.

El panorama era poco alentador para las autoridades nacionales si recordamos que Estados Unidos jamás reconoció el gobierno de Adolfo de la Huerta, y que Obregón había heredado esta dificultad, pues las autoridades norteamericanas afirmaban que ningún gobierno legítimo podía emanar de otro que no lo fuera y, en consecuencia, para ellos Obregón no era el presidente de México. Una situación como ésta no sólo afectaba al país en materia económica —ningún norteamericano iba a invertir su dinero mientras que el régimen mexicano no fuera reconocido por el suyo—, también favorecía una posible intervención militar estadounidense en la nación con el pretexto de instaurar un régimen legal y democrático.

Desde su llegada a la presidencia, Obregón intentó arreglar esta situación y buscó un acercamiento con los norteamericanos, por lo que se entablaron pláticas permanentes que llevaron, en 1921, a la elaboración del *Tratado de Amistad y Comercio* como un paso anterior para el reconocimiento; sin embargo, el presidente mexicano se negó a firmarlo porque obligaba a su gobierno a eliminar el carácter retroactivo del artículo 27 constitucional. En 1922, y como condición previa, ambas naciones firmaron el *Convenio Lamont-De la Huerta* por el que el gobierno mexicano reconocía una deuda con Estados Unidos de casi 1,500 millones de dólares, en lo que era un auténtico abuso, pues el adeudo real ascendía sólo a 700 millones de dólares. En abril de 1923 se dio el último paso hacia el ansiado reconocimiento a través de la firma de los *Tratados de Bucareli*.

Este documento fue polémico por ser bastante ventajoso para Estados Unidos al establecer las siguientes condiciones:

1. El gobierno mexicano pagaría los daños sufridos por los ciudadanos norteamericanos en nuestro país entre 1867 y 1917.
2. El artículo 27 de la Constitución sería retroactivo sólo a partir de 1917, año en el que se había promulgado la carta magna.

¿Por qué Obregón aceptó exigencias tan poco favorables para el país? Tal vez la respuesta se encuentre en el hecho de que su periodo presidencial estaba llegando a su fin y que, de no arreglar este problema, lo heredaría a su sucesor, quien no podría actuar con plena libertad, tal y como le sucedió a él durante tres años. Es en esta perspectiva que los Tratados de Bucareli pueden ser considerados como uno de los mayores sacrificios realizados por un presidente en favor de su sucesor.

En contraste con lo anterior, la educación fue uno de los mayores logros de aquella administración, ya que Obregón visualizó este rubro como un medio capaz de generar la unidad cultural, racial y geográfica tan anhelada en el siglo XIX y, a la vez, de perpetuar los ideales revolucionarios.

El encargado de concretar este proyecto fue José Vasconcelos, maderista, antiguo rector de la Universidad Nacional de México e intelectual, quien realmente estaba convencido de que el futuro del país se encontraba en la educación de todos sus ciudadanos. Como primer medida, cambió el nombre, y vocación, de la oficina a su cargo, pues dejó de ser la Secretaría de Instrucción Pública para convertirse en la de Educación Pública. Con ello, estableció claramente un concepto completo de la educación en el que reflejaba su interés por formar la inteligencia, el carácter y la salud física de los niños y jóvenes del país.

A continuación, diseñó diferentes modelos educativos para cubrir las necesidades específicas de cada grupo social; por ejemplo, pensó en una educación indígena que ayudara a este grupo marginal a integrarse a la sociedad, en otra rural para mejorar los niveles de vida en el campo, y en una instrucción técnica que cambiara la situación de los grupos urbanos pobres.

Claro está que para lograr las metas anteriores era una condición necesaria abatir el lastre del analfabetismo en el país, problema que entonces comprendía al 80% de la población. Un reto difícil de superar si se toman en cuenta las precarias condiciones económicas por las que atravesaba el gobierno obregonista y el hecho de que la mayoría de la población habitaba en el campo, por lo que se encontraba dispersa en todo el territorio nacional.

A partir de entonces, se llevaron a cabo las Misiones Culturales en las que miles de mexicanos, en grupos de dos y siguiendo el mismo esquema de las misiones evangelizadoras de los tiempos virreinales, se lanzaron a la aventura de recorrer el país con la finalidad de enseñar a leer, a escribir y, en otros casos, a hablar español a cientos de miles, si no es que millones, de indígenas analfabetas.

Paralelamente, la SEP llevó a cabo un programa de creación de bibliotecas en todo el territorio nacional con la idea de dotar de libros a los mexicanos recién alfabetizados. Para apoyar este proyecto, se mandó imprimir una colección de 50 obras clásicas de la literatura universal, libros que, además de venderse al público a precios bajos, serían la columna vertebral de dichas bibliotecas.

A la par de la educación, el arte fue una de las áreas que mayor impulso recibió con Vasconcelos. De todas las manifestaciones artísticas de la época, sin duda alguna, fue el muralismo la que más sobresalió. Se invitó a que creadores de la talla de Diego Rivera, José Clemente Orozco y David Alfaro Siqueiros realizaran murales en lugares públicos, obras que poseían un carácter didáctico y que, a través de temas como los del pasado indígena, la Independencia, el liberalismo del siglo XIX y la Revolución, deberían enseñar la historia patria y formar un espíritu nacionalista-revolucionario entre las masas.

A mediados de 1923, la vida política en el país se encontraba en plena efervescencia como resultado de la proximidad de las elecciones federales, a celebrarse el siguiente año. Para nadie era un secreto que había dos políticos que aspiraban suceder a Obregón: Plutarco Elías Calles, secretario de Guerra, y Adolfo de la Huerta, secretario de Hacienda. El primero contaba con el apoyo del ejecutivo pero era poco carismático; en cambio, el segundo gozaba de muchas simpatías entre los políticos y los altos mandos del ejército gracias a la buena gestión que había tenido como presidente interino.

Las tensiones entre los contendientes que, junto a Obregón, conformaban la espina dorsal del "grupo Sonora", fueron aumentando al paso de los meses hasta llegar al punto de la ruptura. De la Huerta renunció a la secretaría a su cargo, se marchó a Veracruz y, ahí hizo pública su candidatura a la presidencia del país en diciembre de 1927.

Ante este rompimiento, la mayor parte del ejército mexicano —se cree que un 60%— se levantó en armas para apoyar la candidatura de Adolfo de la Huerta por las razones antes citadas, lo que fue un duro golpe para Obregón pues veía peligrar la llegada de Calles a la silla presidencial y la continuidad de su proyecto político y económico.

Sin embargo, esta crisis sacó a relucir el genio del todavía presidente, pues hizo uso de los *Tratados de Bucareli* para obtener el apoyo de Estados Unidos que se materializó en la venta de armamento; también se granjeó el respaldo de los campesinos y mandó asesinar a Francisco Villa, en 1923, para evitar que este peligroso revolucionario retomara las armas para apoyar a De la Huerta y, así, resucitar su liderazgo militar.

Calles tampoco se quedó cruzado de brazos, se puso a la cabeza de la facción del ejército aún leal al gobierno, y aprovechó las buenas relaciones que tenía con Morones para que los obreros se enlistaran a su favor. Se dice que sólo el estado de Puebla aportó 10 mil cromistas para la causa callista.

Sin embargo, no fueron éstos los factores decisivos para que triunfara la mancuerna Calles/Obregón. La derrota de Adolfo de la Huerta hay que buscarla en el desorden que imperaba entre sus oficiales, principalmente los generales, que demostraron ser incapaces de llegar a acuerdos en los momentos decisivos.

De la Huerta y varios de sus altos mandos fueron aprehendidos. Mientras que a él se le perdonó la vida, por haber sido presidente, a cambio de salir inmediatamente del país, los segundos no tuvieron tanta suerte y, sin un juicio previo y sin ser considerados sus méritos como revolucionarios, fueron fusilados inmediatamente.

Acabado el levantamiento, Obregón procedió a convocar a elecciones para renovar los tres poderes federales. Para nadie fue sorpresa que en ellas triunfara Plutarco Elías Calles con el 85% de la votación.[11]

La presidencia de Plutarco Elías Calles

El ascenso de Plutarco Elías Calles a la silla presidencial significó la continuidad del proyecto revolucionario de 1917 en la mayoría de sus rubros, pues Calles hizo suya la meta de seguir fortaleciendo al Estado, sólo que, a diferencia de sus antecesores, siguió el camino de la institucionalización del poder político.

El contexto nacional no era particularmente favorable para la realización de este proyecto en la medida en que eran tres los obstáculos a sortear.

El primer problema era el del ejército. Las reformas castrenses hechas con anterioridad, habían sido útiles pero distaban mucho de ser satisfactorias, tal como lo había demostrado el levantamiento delahuertista. Desde la perspectiva de Calles, era imperante que las fuerzas armadas fueran una institución fiel al presidente y que se convirtieran en

---

[11] *Ídem.*

*Plutarco Elías Calles
continuó con el proyecto
de Estado revolucionario
que heredó de Obregón.*

un instrumento que le ayudara a centralizar el poder; en otros términos, ambicionaba que las fuerzas armadas dejaran de ser un aliado del Estado para transformarse en un siervo de éste.

La reforma militar callista fue profunda y radical, pues con ella se anuló el poder de los jefes revolucionarios contrarios a los planes del presidente, se debilitó a los altos mandos al crear zonas militares menores y con pocos recursos y al establecer el sistema de rotación semestral de los mismos; también se limitó el número de efectivos a 55 mil hombres, el gobierno disminuyó el gasto destinado al ejército y, por último, se reabrió el Colegio Militar para formar altos mandos que, paulatinamente, fueran substituyendo a aquellos que se improvisaron durante la Revolución.

Si bien sería precipitado afirmar que al final de su cuatrienio Calles contaba con un ejército disciplinado y fiel en su totalidad, es un hecho que su reforma transformó la faz de esta institución castrense al darle las bases que en la actualidad posee.

El segundo problema era el de los caciques. Se ha visto que ejercían su poder de manera autónoma y que, al hacerlo, se habían transformado en enemigos naturales del proceso de centralización iniciado en 1917. Carranza y Obregón tuvieron grandes logros en el combate contra estas islas políticas, pero no acabaron con ellas. Por su parte, Calles estaba dispuesto a terminar de una vez por todas con estos focos de inestabilidad y para ello, utilizó dos medidas que habían mostrado su eficacia con Porfirio Díaz: la conciliación y la represión.

Calles comenzó, en un principio, a acercarse a los caciques rebeldes para negociar con ellos y dar, a cambio de su lealtad, aquello que desearan, siempre y cuando conviniera a los intereses del presidente. De esta manera, obtuvo la fidelidad de varios de ellos a cambio de tierras, dinero, cargos públicos, nombramientos militares... Asimismo, hubo quienes, celosos de perder su autonomía, no quisieron someterse al centro y comenzaron a dar problemas a través de asonadas y correrías. Frente a ellos, Calles no mostró misericordia alguna y mandó a sus tropas para combatirlos, matarlos y dejar en su lugar a personas dispuestas a acatar las disposiciones provenientes del centro. Tal vez haya sido éste uno de los mayores logros obtenidos por el gobierno callista en lo que a la centralización del poder se refiere, pues aunque no se acabó con los caciques, sí se logró que la mayoría de ellos fueran aliados del gobierno federal.

El mayor de los obstáculos a los que se enfrentó Calles fue, sin lugar a dudas, la Iglesia Católica, como lo muestra la famosa Guerra Cristera que tuvo lugar en varias regiones del país entre 1927 y 1929.

Es un hecho que la Revolución mexicana trajo más perjuicios que beneficios a la Iglesia Católica. Los caudillos revolucionarios más importantes —a excepción de Zapata— no gustaban de ella e hicieron cuanto estuvo en sus manos para afectarla a través de decretos, encarcelamientos y ejecuciones. De igual forma, la Constitución de 1917 heredó de su antecesora, la de 1857, los artículos que limitaban a esta institución religiosa y que no eran otra cosa más que la ratificación de las *Leyes de Reforma* emitidas por el presidente Benito Juárez en la segunda mitad del siglo XIX.

Tanto Carranza como Obregón se caracterizaron por ser anticlericales furibundos; sin embargo, cuando llegaron a la presidencia, procuraron no tener problemas serios con la Iglesia Católica pues, tras las experiencias decimonónicas que el gobierno mexicano había tenido en la materia, sabían que lo más conveniente era evitar un enfrentamiento directo con ella.

Sin embargo, Calles sostenía una postura similar a la de los políticos mexicanos liberales del siglo anterior, ya que veía en la Iglesia Católica una institución cuyo poder político y económico rivalizaba con el naciente Estado e impedía su fortalecimiento.

El inicio del conflicto hay que buscarlo en febrero de 1925, cuando el propio Calles apoyó públicamente la aparición de la Iglesia Católica Apostólica Cismática. Se trataba, pues, de una organización religiosa creada por el gobierno mexicano que era, en forma y casi en fondo, igual a la católica, con la única salvedad de que no reconocía la autoridad del Papa sino la de su líder, el patriarca Pérez. A pesar de las similitudes que guardaba con la Iglesia Católica Apostólica Romana, la Cismática nunca tuvo la fuerza suficiente como para hacerse de una feligresía abundante.

La jerarquía de la Iglesia Católica montó en cólera por lo anterior y determinó atacar al gobierno a través de la creación del Partido Nacional Republicano, cuya razón de existencia se fundamentaba en asumir el poder para derogar la Constitución de 1917 y defender los principios religiosos del país, pero el contexto político de entonces no era propicio para que esta organización pudiera cumplir con sus metas.

El problema continuó, y el diario *El Universal* publicó una entrevista hecha al Arzobispo de México, José Mora y del Río, en la que afirmaba que la Iglesia combatiría cualquier intento de aplicación de los artículos 3°, 5°, 27° y 130° de la Constitución mexicana. En un país donde la libertad de expresión en la prensa brillaba por su ausencia, no se puede explicar la aparición de una entrevista como ésa sin que contara con la aprobación de las autoridades políticas. No sería extraño pensar que el propio Calles hubiera dado el visto bueno a *El Universal* y tuviera, así, una justificación para radicalizar su postura e iniciar una campaña anticlerical.

A estas alturas del conflicto, la Iglesia optó por organizar a los laicos católicos en un bloque de oposición contra el gobierno. Fue así como se fundó la Liga Nacional Defensora de la Libertad Religiosa, comúnmente conocida sólo como "la Liga", cuya lucha, inicialmente, fue pacífica al estar reducida sólo a la propaganda y a la organización de boicots en los que se pedía a los católicos que no utilizaran ni pagaran los servicios brindados por el gobierno mexicano (gasolina, lotería...).

La respuesta de las autoridades no se hizo esperar, y el 2 de julio de 1926 se promulgó la *Ley Calles*, cuyo contenido era bastante radical pues establecía, entre otros tantos puntos, que el poder ejecutivo tendría el derecho de expulsar del país a todos aquellos sacerdotes o ministros que atentaran contra el artículo 130°. Del mismo modo, también se establecía que para ser sacerdote había que ser mexicano de nacimiento, que para poder oficiar se debería tener un permiso especial de la secretaría de Gobernación, que se disolverían las órdenes religiosas existentes sin que se pudieran crear nuevas y, finalmente, que se limitaba el número de sacerdotes a uno por cada 6,000 habitantes.

El ambiente se fue enrareciendo cada vez más hasta que el 1° de enero de 1927 el episcopado mexicano dio la orden de que no se abrieran los templos católicos en todo el país, y responsabilizó de ello, frente a una feligresía muy enojada, al gobierno encabezado por Calles. Al mismo tiempo, en la región de El Bajío iniciaba el levantamiento armado cristero bajo el grito de "Viva Cristo Rey, viva la Virgen". Con el paso de los días, y de los meses, la insurrección se fue expandiendo por otras localidades del país como Zacatecas, Durango, Colima, Guerrero y Michoacán.

Este movimiento no sólo se encontraba financiado por católicos devotos, sino también por grupos que, como los hacendados, veían peligrar sus intereses económicos en la administración callista. De igual forma, el mismo episcopado apoyó a los levantados bajo el derecho que tenían los seglares de defender, por cualquier vía, aquellos derechos religiosos que las autoridades civiles les intentaran quitar.

El conflicto se radicalizó cuando en 1927 se ordenó el fusilamiento, sin juicio previo, del sacerdote jesuita José Agustín Pro por haber participado en un intento de asesinato de Álvaro Obregón. Tradicionalmente, la Iglesia Católica ha defendido la inocencia del padre Pro frente a estos acontecimientos pero, como se verá más adelante, hoy en día ello se está cuestionando.

La guerra no fue una preocupación para Calles, ya que había depositado su confianza en la preparación y en el cuantioso armamento que poseía el ejército federal. En sus palabras, el conflicto tan sólo duraría un par de meses y culminaría con la derrota absoluta de la Iglesia Católica y de sus huestes. Sobre el papel era una gran verdad y, a pesar de eso, la práctica demostró lo contrario.

El conflicto nació estancado, y fue imposible para alguna de las partes tener avances o retrocesos considerables. Lo que el presidente y otros tantos perdieron de vista fue que los cristeros suplieron la falta de armas y de militares profesionales con una entrega y una devoción rara vez vista en el ejército federal, mayoritariamente católico, y en el que algunos de sus miembros entraban en conflicto por tener que combatir a quienes defendían la que también era su religión.

Bajo el grito de "Viva Cristo Rey, viva la Virgen" los cristeros tomaron las armas para defender a su fe.

Frente a este marasmo, y al final de su presidencia, Calles inició una serie de conversaciones con el episcopado para llegar a un arreglo que finiquitara el conflicto armado; sin embargo, esto no se pudo dar, al menos en 1928, pues las partes en cuestión no pudieron ponerse de acuerdo para elegir a un mediador. Tendría que pasar un año más, y ser otro el presidente, para que finalmente se firmara la paz.

Mientras que se gestaba y desarrollaba la Guerra Cristera, Calles estableció un estrecho vínculo con Luis Napoleón Morones y con la CROM. El líder cromista ocupó la secretaría de Industria, Comercio y Trabajo con la finalidad de buscar un equilibrio "armonioso" entre el capital y el trabajo, entiéndase, someter los intereses de los obreros a los de los empresarios. A cambio del apoyo recibido, Calles reconoció a esta organización sindical como la mayor y más importante del país, lo que redundó en beneficios económicos y políticos tanto para la propia organización como para sus líderes.

Los frutos de la relación entre Morones y Calles se hicieron patentes a través del número de huelgas en el país, que pasaron de 51 en 1925 a tan sólo 7 en 1928, lo que habla de un sindicalismo sometido y disciplinado. En esta época había quienes, en son de broma, aseguraban que CROM eran siglas que leídas al derecho citaban: "Cómo Roba Oro Morones" y que al revés decían: "Más Oro Roba Calles".

Sea como fuere, es un hecho que la unión que existía entre estas figuras públicas favoreció al control estatal de los obreros y al crecimiento y fortalecimiento de su confederación.

Respecto a los campesinos, poco cambió su situación, si bien se llevó a cabo la primera reforma agraria importante desde el fin de la lucha armada. Tal vez haya sido Calles el primero de los presidentes hasta ahora analizados que vio la problemática del campo de una forma integral, en la que al reparto de tierras había que sumar la modernización tecnológica del campo y de las vías de comunicación.

Por lo anterior, Calles ordenó la creación de la Comisión Nacional de Irrigación, la Comisión Nacional de Caminos, el Banco Nacional de Crédito Agrícola, así como varios bancos ejidales y escuelas rurales. Si bien la idea era que estas instituciones ayudaran con recursos técnicos, materiales y económicos al campo mexicano, la ausencia de abundantes capitales y la corrupción imperante en la burocracia, impidieron que el proyecto llegara a buen término.

Como había sucedido con Carranza y Obregón, Calles quiso hacer de los campesinos mexicanos un grupo nutrido de pequeños propietarios; sin embargo, favoreció los ejidos como una medida política y pacificadora pues, a final de cuentas, se le estaba dando a los trabajadores del campo lo que deseaban, sin importar que fuera lo más conveniente para el país.

Para favorecer el reparto agrario, el gobierno de Calles tuvo que afectar algunos de los latifundios productivos, principalmente en el centro y sureste del país. El contexto era complejo, pues la ley, así como las posibles represalias del exterior, obligaban a indemnizar a los propietarios nacionales y extranjeros en un momento en el que las arcas nacionales estaban literalmente vacías. Fue entonces cuando se determinó retribuir a los propietarios en función del valor declarado de las propiedades afectadas, y a través de la cesión de bonos emitidos por el gobierno federal con un interés anualizado de 5%. Para evitar problemas, también se determinó que la amortización de estos bonos se haría a través de una serie de sorteos anuales. Esta situación ayuda a comprender por qué los latifundistas, apoyaron el levantamiento cristero.

Como se mencionó antes, la situación económica por la que atravesó México entre 1924 y 1928 fue delicada. Las deudas externa e interna eran grandes, el sistema bancario inoperante y la gente no aceptaba el papel moneda. En realidad, los únicos ingresos que obtenía el gobierno procedían, casi en su totalidad, de los impuestos y de las exportaciones.

La reconstrucción económica del país era un asunto esencial que se debía de fundamentar en la creación de un mercado interno unificado, para lo cual era indispensable que el Estado se transformara en el organismo rector de la economía nacional. Por contradictorio que pudiera parecer, esta propuesta establecía, en el marco de un sistema capitalista, un modelo de economía planificada parecida al existente en la Unión Soviética stalinista.

Para obtener más recursos económicos, se crearon nuevos impuestos —como el de la renta—, se subió el costo de los servicios públicos, se disminuyó el gasto social, así como el número de funcionarios públicos, se incentivaron las exportaciones y se limitó el número de las importaciones. Aunque estas medidas ayudaron a capitalizar hasta cierto punto al gobierno, tampoco le permitieron contar con la holgura financiera que necesitaba.

Igual importancia poseía la necesidad de darle al país las bases necesarias para que el sistema bancario pudiera consolidarse. El problema en sí no era la ausencia de bancos, más bien la falta de una normatividad que uniformara su trabajo y la competencia entre ellos, carencia que siempre benefició a las grandes instituciones bancarias por ser capaces de otorgar intereses más altos o créditos más blandos con tal de eliminar del mercado a los competidores pequeños. Sucedía que, en un país que necesitaba urgentemente de un sistema como éste, los bancos se encontraban enfrascados en una lucha que en nada ayudaba la consecución de tal objetivo.

Calles decidió solucionar este inconveniente al fundar el Banco de México. Dicha institución estaba destinada a cumplir con una serie de funciones que abarcaban desde el establecimiento de criterios comunes que regularan el funcionamiento de todos los bancos (tasas de interés, créditos...), hasta la emisión de billetes, pasando por la fijación del tipo de cambio de divisas.

En realidad, el Banco de México fue el instrumento privilegiado que tuvo el Estado para intervenir en la economía nacional, marcar el rumbo que ésta debería tomar en los años por venir y para impulsar el desarrollo material del país en las siguientes décadas.

Éste fue un cuatrienio en el que también comenzaron a fundarse nuevas fábricas en México, muchas de ellas subsidiarias de las americanas que han sobrevivido hasta el día de hoy, tal como ha sucedido con *Ford Motor Co.*, *Simmons* y *Colgate Palmolive*. Ello es una clara muestra de la confianza que los industriales norteamericanos estaban depositando en el proyecto económico callista.

Por lo estudiado con anterioridad, parecería que las relaciones entre México y Estados Unidos en el periodo comprendido de 1924 a 1928 fueron buenas; sin embargo, nada más lejos de la realidad. Calles mantuvo una política nacionalista en la que, si bien, procuró no distanciarse de su similar norteamericano, tampoco quiso caer en la sumisión.

En consecuencia, las relaciones entre ambas naciones no fueron cordiales y ello debido, principalmente, al interés del gobierno mexicano por aplicar el artículo 27° constitucional. Calles emitió una serie de decretos que afectaban los intereses de los ciudadanos norteamericanos afincados en México. Por ejemplo, prohibió a los extranjeros tener propiedades en las fronteras y aclaró que las tierras de foráneos en el territorio nacional estarían sometidas a las leyes mexicanas. A los que habían comprado minas se les notificó que ya no eran dueños sino concesionarios, y sólo por 30 años de las mismas y que, pasado dicho tiempo, las autoridades nacionales podrían renovar o no dicha concesión. Lo mismo sucedió con los pozos petroleros, sólo que en este caso el tiempo de la concesión era de 50 años.

Como era de esperarse, las autoridades norteamericanas comenzaron a presionar al presidente mexicano para que diera marcha atrás en la legislación anterior. Inicialmente desearon negociar con Calles, pero tras la negativa del mismo, amenazaron con llevar a cabo una invasión al territorio nacional, a lo que el ejecutivo nacional respondió con otra amenaza. Aseguró que de ser así, iniciaría en toda la nación una campaña de quema de pozos petroleros propiedad de las grandes compañías norteamericanas. Frente a la determinación con la que Calles profirió esa advertencia, los estadounidenses prefirieron ceder antes que arriesgarse.

Uno de los momentos más intensos de la administración callista fue, sin duda, el proceso electoral de 1928 pues, por varias razones que a continuación se expondrán, ha sido el más *sui géneris* en la historia de México.

Hay que comenzar por el año de 1926 cuando Álvaro Obregón hizo público su interés por ocupar la presidencia en un segundo periodo. A muchos sorprendió este comunicado, no así a Calles, puesto que al inicio de su gestión había acordado con su antecesor que modificaría la Constitución para que fuera legal la reelección no continua del presidente y, así, tener ambos la posibilidad de irse alternado por periodos de cuatro años en el cargo.

Sin embargo, a Calles no le agradó este destape porque era prematuro y, además, la relación con Obregón se había enfriado con el paso de los años; a pesar de ello, hizo los cambios necesarios a los artículos 82° y 83° constitucionales para evitar que el caudillo recurriera a una asonada militar.

El hecho de que Obregón pudiera reelegirse, también causó estragos entre aquellos revolucionarios que creían tener méritos suficientes para ocupar la presidencia, y que veían en este hecho un atentado a sus aspiraciones. En particular, hubo dos generales que, en mayo de 1927, decidieron proclamar sus candidaturas y retar públicamente al sistema: Francisco Serrano, regente de la ciudad de México, y Arnulfo R. Gómez, jefe de operaciones militares en Veracruz.

Para dar una solución conveniente a esta crisis, el gobierno corrió el rumor de que Gómez y Serrano estaban organizando sendos levantamientos en caso de que Obregón triunfara en el proceso electoral. Aunque este chisme jamás se llegó a comprobar, al menos sirvió como motivo para que se dieran las ordenes de aprehensión y ejecución de los supuestos conspiradores. A finales de 1927, Serrano fue fusilado en Morelos y Gómez se suicidó en Veracruz antes de ser apresado por las tropas federales.

Con el camino despejado y siendo el único candidato, Obregón se levantó con el triunfo el 1° de julio de 1928. Como solía ser la costumbre, los diputados organizaron una comida al candidato electo para demostrarle su adhesión al futuro presidente y, de paso, ganarse un puesto público en su administración. El 17 de julio se llevó a cabo un banquete en honor a Obregón en el parque de La Bombilla, reunión que transcurrió normalmente hasta que, a las 14:20 horas, la concurrencia oyó varios disparos, cargas que de manera instantánea mataron a Álvaro Obregón.

El autor material de este atentado fue León Toral, un artista contratado para que dibujara escenas de la comida y que aprovechó el momento en el que enseñaba su trabajo al candidato electo para asesinarle. Inmediatamente fue aprehendido por la policía y al hacerse público el trágico suceso, las autoridades afirmaron —sin tener aún evidencia de ello— que se trataba de un fanático católico. Con ello buscaban deslindar de toda responsabilidad a Calles a quien los obregonistas y algunos políticos perspicaces atribuían la autoría intelectual del hecho.

Las investigaciones demostraron que León Toral sí era un fanático religioso y que no actuó solo, pues la idea del asesinato no había sido de él sino de la abadesa Concepción Acevedo, mejor conocida como "la madre Conchita", que consideraba a Obregón como un peligro mayor que Calles para la Iglesia Católica. Vale la pena señalar un hecho que no deja de ser curioso: el confesor de la "madre Conchita" fue el padre Miguel Agustín Pro. La justicia fue expedita con los asesinos, como pocas veces se había visto. A León Toral, autor material, se le dio pena de muerte y a la "madre Conchita", autora intelectual, 20 años de prisión.

Lo anterior ayudó a Calles a deslindarse del asesinato, sin embargo, no ayudó a resolver el problema que se le avecinaba: ¿quién sería su sucesor?

3

LA CONSOLIDACIÓN DEL ESTADO REVOLUCIONARIO

(1928-1940)

El Maximato

La muerte de Obregón dio paso a una nueva época política en México, entre 1928 y 1934, que es conocida como el *Maximato*, ya que Calles comenzó a ser llamado por la prensa como "jefe máximo de la Revolución Mexicana" por tratarse del único de los líderes revolucionarios de importancia que aún sobrevivía.

Esta época se caracterizó por el hecho de que Calles ejerció el poder a través de los presidentes que ante sus ojos como los del pueblo, eran simples marionetas que, sencillamente, se debían plegar a todo aquello que el "jefe máximo" pidiera.

Tras la muerte de Obregón, fue necesario nombrar a un presidente provisional cuya tarea primordial fuera la de convocar a nuevas elecciones. Calles, a su vez, deseaba que el nuevo ejecutivo no fuese identificado con su facción política, pero tampoco con la obregonista, y que se tratara de un político con poca iniciativa y dispuesto a dejarse "asesorar" por él.

Así, a través del Congreso, escogió a Emilio Portes Gil para el cargo quien, desde que tomó posesión del mismo, el 1° de diciembre de 1928, mostró que su gobierno iba a seguir los lineamientos políticos y económicos de sus predecesores, es decir, encabezaría una administración continuista.

Resuelto el problema de la sucesión, Calles trabajó arduamente para resolver otro, más añejo y delicado: el paso del México de caudillos al México de las instituciones. Desde el triunfo de la Revolución había quedado demostrado que cada vez que se llevaban a cabo elecciones, se producían levantamientos armados que ponían en peligro la estabilidad del país; de igual forma, en esa época era patente que la política en México estaba en manos de individuos cuya existencia era efímera respecto a la de las instituciones políticas, de ahí la necesidad de contar con las mismas.

*Emilio Portes Gil fue el
primer presidente de la
época del Maximato.*

En 1929 se dio un paso definitivo en la materia con la fundación del Partido Nacional Revolucionario (PNR), organización cuya finalidad era reunir a toda la "familia revolucionaria" en un mismo espacio para disciplinarla, es decir, obligar a sus miembros a respetar las decisiones tomadas por sus líderes. A pesar de su nombre, el PNR no era un verdadero partido político que representara a un sector determinado de la sociedad, más bien era un espacio en el que los dirigentes revolucionarios se ponían de acuerdo sobre asuntos tan importantes como las sucesiones presidenciales. Sobra decir que el primer presidente del PNR fue Plutarco Elías Calles.

Ésta fue también la época del rompimiento entre el gobierno y la CROM. Aunque fueron varias las razones que lo provocaron, dos son los motivos primordiales. Cuando Portes Gil fue gobernador de Tamaulipas, impidió el establecimiento de dicha organización sindical por temor a perder parte de su poder político, con lo que a partir de entonces nació una notoria enemistad entre él y Morones. También es importante señalar que a estas alturas, 1928-1929, Calles veía en el líder cromista a una figura demasiado fuerte y amenazadora para el gobierno.

Aunque no haya sido su objetivo, el nombramiento de Portes Gil ayudó a Calles a enfriar las relaciones con la CROM; además, permitió al presidente lanzar pequeños y discretos ataques contra Morones, cuyo punto culminante fue la autorización de una puesta en escena llamada

El desmoronamiento de Morones, obra en la que se presentaba, de manera exagerada, al líder obrero como un hombre corrupto y disoluto. Morones no aguantó más y fue a quejarse con el presidente, pero éste se escudó tras la libertad de expresión para justificar la obra de teatro; entonces, el líder sindical recurrió a Calles, quien alegó que no podía ayudarle por encontrarse "retirado de la política". Entonces, el dirigente de la CROM supo que todo estaba perdido y se resignó a abandonar paulatinamente el poder.

A Emilio Portes Gil correspondió el honor de dar fin a la Guerra Cristera a través de la firma de los Tratados de 1929, conocidos también como *El Modus Vivendi*. Ello se logró gracias a la intervención del embajador de Estados Unidos en México, Dwight Morrow[12], quien fue aceptado como mediador en el conflicto, tanto por el gobierno como por la Iglesia Católica. El acuerdo al que llegaron las partes fue sencillo, ya que se determinó que mientras que la Iglesia se abstuviera de participar en la política, el Estado haría lo propio en materia religiosa. Aunque ambos bandos ganaron, la primera fue la que perdió más, pues después de haber sacrificado una gran cantidad de recursos humanos, materiales y económicos, aceptó las mismas condiciones que prevalecían antes de la guerra. La mayoría de los católicos aceptó con júbilo la noticia aunque otros, que no eran pocos, vieron en ella una de las peores traiciones cometidas por esta institución en su contra.

En marzo de 1929 se llevó a cabo la Primera Convención Nacional del PNR para elegir su candidato a la presidencia. Calles se las arregló para que la elección recayera en Pascual Ortiz Rubio, un político que había pasado los últimos años como embajador de México en Alemania y en Brasil y que, consecuentemente, ni estaba enterado de lo que sucedía en el país ni contaba con un grupo de partidarios que lo pudieran respaldar al asumir la presidencia. Fueron estas las virtudes del candidato que más agradaron al "jefe máximo".

Entre tanto, dio inicio una rebelión militar encabezada por el general Gonzalo Escobar quien, al igual que los otros que le precedieron, consideró que tenía los méritos suficientes para ser el sucesor de Portes Gil y, además, se oponía a la formación del PNR por limitar la fuerza del ejército. El presidente nombró a Calles como secretario de Guerra y le

---

[12] Que fue el suegro de Charles Lindberg, el primer hombre que atravesó el Océano Atlántico en avión.

encomendó la misión de someter a los levantados, objetivo que cumplió con prontitud.

Esta asonada benefició al gobierno en la medida en que sirvió como punto de partida para que el general Joaquín Amaro, uno de los militares más importantes a lo largo de la historia nacional, llevara a cabo otra reforma castrense que consistió en recortar el presupuesto a esta institución, utilizar las tropas en obras públicas y en el auxilio de la población civil en desastres y, finalmente, fundar la Escuela Superior de Guerra para dar una formación cultural a los oficiales.

En este mismo año, 1929, le fue otorgado el estatuto de autonomía a la Universidad Nacional de México como una forma para silenciar la disconformidad estudiantil que, por años, se había dado en esta casa de estudios y que también atentaba contra la estabilidad política del país. Fue así como nació la Universidad Nacional Autónoma de México (UNAM).

Cuando Calles daba por hecho el futuro triunfo de Ortiz Rubio, se vio sorprendido cuando José Vasconcelos hizo pública su candidatura a la presidencia. Las diferencias entre el "jefe máximo" y el antiguo secretario de Educación Pública eran conocidas por todos y, sin embargo, sorprendió a muchos el hecho de que el segundo retara a la autoridad de esta forma. Vasconcelos justificaba su acción al señalar que Calles había desvirtuado la Revolución al desviarla del camino planteado por Madero en 1910 y al utilizarla para sus propios fines. Fue entre la clase media y los estudiantes donde este político de oposición tuvo más eco; sin embargo, no pudo competir contra la maquinaria del PNR que constantemente se engrasaba con los recursos del gobierno que, aunque no muy abundantes, eran superiores a los de Vasconcelos.

El 17 de noviembre de 1929 tuvo lugar un proceso electoral caracterizado por las irregularidades y por el fraude descarado que facilitaron el triunfo de Pascual Ortiz Rubio con la increíble cifra del 93%[13] de los votos. Un Vasconcelos derrotado y carente de los medios necesarios para demostrar su triunfo, se exilió en Estados Unidos, país en el que yacen sus restos hasta nuestros días.

La historia nacional ha sido injusta con Pascual Ortiz Rubio, pues se ha encargado de reforzar la imagen negativa y degradante que de él creó

---

[13] *Ibid.*

Desde el inicio de su gobierno, Pascual Ortiz Rubio se negó a ser manipulado por Calles.

el propio Calles. Prueba de ello es el apodo que recibió de "El Nopal", por ser supuestamente "baboso", o la rima que dice:

> "Tener doble presidente
> es algo desconcertante.
> Que nos dejen al del Mante [Portes Gil]
> Y se lleven al demente [Ortiz Rubio]."[14]

El caso de Ortiz Rubio fue el de aquel que creyó que realmente iba a ser presidente de México y que cuando se dio cuenta de que no podía serlo, quiso pelear una batalla que desde el inicio tenía perdida.

Desde el primer día de su mandato las cosas no marcharon bien para él, ya que cuando regresaba al Castillo de Chapultepec, residencia oficial de los presidentes mexicanos hasta Lázaro Cárdenas, un desequilibrado le disparó varios tiros y dejó herida a su esposa. Se cuenta que, entonces, el presidente responsabilizó de este atentado a los callistas y tardó más de un mes en salir de su residencia.

Al poco tiempo de haber iniciado su gestión, Ortiz Rubio intentó sacudirse la tutela del "jefe máximo", para lo cual procuró apoyarse en aquellos políticos que, a pesar de tener cargos públicos, no simpatiza-

---

[14] Jorge Mejía Prieto. *¡Ah qué risa me dan los políticos!*, México, Planeta, 1993, p. 61.

ban con Calles. El objetivo particular del presidente era aprovechar las próximas elecciones federales del poder legislativo para hacerse de una mayoría de diputados y senadores que le permitieran gobernar en completa libertad.

Por ello buscó apoyo en Basilio Vadillo, entonces presidente nacional del PNR, un hombre que estaba aglutinando a la oposición callista y que no tuvo problema alguno en pactar con Morones para atraer al movimiento obrero a su causa. En un principio, Calles dejó que Ortiz Rubio actuara por su cuenta para tener idea de lo que estaba planeando; sin embargo, cuando vio que éste comenzaba a adquirir fuerza, decidió actuar substituyendo a Vadillo por el siempre leal, y antiortizrubista, Emilio Portes Gil, y poniendo en la secretaría de Gobernación, ocupada hasta entonces por el nuevo presidente nacional del PNR, a Carlos Riva Palacio, un callista de hueso colorado. Gracias a estos movimientos, cuando se realizaron las elecciones legislativas ganaron, como era de esperar, todos los candidatos de Calles.

A pesar de estas fricciones, la política agraria de Ortiz Rubio fue la misma que la de sus antecesores, si bien, y por instrucciones del "jefe máximo", optó por brindar más apoyo a los pequeños propietarios para dar un mayor impulso al campo. Vale la pena señalar que, a pesar de que los grandes latifundistas no fueron afectados en esta administración, aún temían la posibilidad de que sus propiedades fueran expropiadas, así que dejaron de invertir en ellas.

En materia obrera se creó la *Ley Federal del Trabajo,* en la que el Estado se atribuía el papel de mediador en los conflictos obrero-patronales a través de la creación de las Juntas Federal y Estatales de Conciliación y Arbitraje con las que debía solucionar problemas laborales, reglamentar el derecho a huelga, así como el trabajo de hombres, mujeres y niños. A pesar de lo anterior, esta legislación no agradó ni a los patrones ni a los obreros. A los primeros, porque era una clara intrusión gubernamental que les limitaba su capacidad para tomar decisiones en esta materia; y a los segundos porque se les obligaba a que sus sindicatos se registran ante el Departamento del Trabajo y le notificaron el monto y uso dado a las cuotas dadas por los agremiados. Claramente la *Ley Federal del Trabajo* fue la respuesta del gobierno mexicano al rompimiento con la CROM, pues lo que antes era una concertación, ahora era una disposición de carácter legal.

A Pascual Ortiz Rubio también le tocó lidiar con las secuelas de la Gran Depresión ocurrida en Estados Unidos en 1929. El mercado nacional se contrajo en dos terceras partes porque las exportaciones, en su mayoría materias primas, cayeron 50%. La recaudación fiscal disminuyó, las empresas tuvieron que despedir a parte de su personal y el desempleo aumentó. La respuesta del gobierno frente a esta crisis sólo ayudó a contraer aún más el mercado, ya que decrecieron los salarios de la burocracia, el número de funcionarios y el gasto público, mientras que se incrementaron los impuestos al tabaco, la cerveza, los refrescos, el pulque, la energía eléctrica, los cerillos y el agua; justamente todo lo contrario a lo hecho por Estados Unidos con el *New Deal* de Franklin Delano Roosevelt.

A la situación económica hay que sumar la crisis política que tuvo lugar a lo largo de 1932. Ortiz Rubio renovó su gabinete substituyendo a los callistas por gente de su confianza, a lo que Calles respondió emitiendo en la prensa críticas severas contra el presidente que sirvieron para vapulear aún más su imagen frente a la sociedad. Mientras que los chistes sobre Ortiz Rubio circulaban profusamente en las cantinas, casas y espacios públicos..., la élite nacional se encontraba notoriamente dividida, y la amenaza de una guerra civil era patente. Los generales Lázaro Cárdenas, Joaquín Amaro y Juan Andreu Almazán estaban convencidos de que era necesario fortalecer al presidente, mientras que Aarón Sáenz y Luis Montes de Oca apoyaban la figura del poder tras el trono.

El punto culminante de este enfrentamiento se dio cuando Calles le pidió al presidente que quitara de sus puestos a los militares antes citados por serle leales; Ortiz Rubio se negó a ello y respondió al "jefe máximo" que fuera él mismo quien lo hiciera, y justamente eso fue lo que hizo: presionó hasta que logró que Amaro, Almazán y Cárdenas renunciaran.

Tras lo anterior, el presidente ya no tenía nada más que hacer, así que el 2 de septiembre se dirigió al Congreso de la Unión para presentarle su renuncia y, acto seguido, se exilió en Estados Unidos.

Con la renuncia de Ortiz Rubio, Calles se encontró en un momento similar al que había vivido en 1928, pues tuvo que buscar a alguien que ocupara el lugar del presidente electo y convocara a un nuevo proceso electoral. Deseaba que quien terminara el periodo presidencial estuviera consciente de que no iba a ser un gobernante, sino un administrador que pondría en práctica las decisiones tomadas por él.

El Congreso, gracias a las gestiones del "jefe máximo", escogió a Abelardo L. Rodríguez para suceder a Pascual Ortiz Rubio. Desde un inicio, Rodríguez mostró estar consciente del papel que le correspondía como presidente de México y, por ello, jamás cuestionó la autoridad moral de Calles, a quien cedió completamente la toma de las decisiones políticas y económicas del país.

Ésta fue una época en la que se dieron pasos importantes en lo que se refiere a la aplicación del artículo 27 de la Constitución, con la fundación de la Comisión Federal de Electricidad y de Petromex. A pesar de que estas compañías no tuvieron una incidencia importante en la generación de electricidad y de petróleo, su importancia estribó en que permitieron al gobierno nacional participar en la explotación de estos recursos naturales por primera vez.

El movimiento obrero continuó siendo un factor fundamental en la administración de Rodríguez. Como consecuencia del debilitamiento de la CROM surgieron nuevos sindicatos y organizaciones obreras sólidas, tales como el Sindicato Nacional de Trabajadores Ferrocarrileros, el Sindicato Nacional de Mineros, Metalúrgicos y Similares de la República Mexicana y la Confederación General de Obreros y Campesinos de México. Todas estas agrupaciones defendieron con verdadero ahínco los intereses de sus agremiados y fueron más o menos toleradas por el gobierno entre 1932 y 1934.

En este momento, lo que verdaderamente interesaba a la sociedad mexicana era lo relacionado con las elecciones de 1934. Aparentemente, la elite política estaba en calma y, sin embargo, existían muchas especulaciones sobre quién sería el candidato del PNR a la presidencia del país, más ahora que, por órdenes de Calles, el Congreso había ampliado el mandato ejecutivo de cuatro a seis años.

Era un secreto a voces que el "jefe máximo" escogería a alguien que fuera manipulable y que, a la vez, tuviera gran arraigo popular. Muchos pensaron en Manuel Pérez Treviño, entonces presidente del PNR, pues era un personaje carismático y querido por el pueblo, tanto, que a Calles le inspiraba desconfianza.

En 1933, la Convención Nacional del PNR, a través de los ardides del "jefe máximo", eligió como su candidato a Lázaro Cárdenas del Río, el mismo que meses atrás había apoyado a Pascual Ortiz Rubio. Cabe cuestionarse entonces sobre los motivos que llevaron a Calles a escoger a alguien que, con anterioridad, se había opuesto a este tipo de manejos.

Además de la amistad que le vinculaba con Calles, hay que buscar las razones de la elección de Cárdenas en la labor que desempeñó entre 1928 y 1931 como gobernador de Michoacán, estado en el que logró contar con el apoyo de los militares, los obreros, los campesinos y hasta de los caciques en un ejercicio de conciliación política raras veces visto en la época.

Para poder controlar al candidato, Calles ideó un documento conocido como el Primer Plan Sexenal, en el que establecía una serie de principios que, aunque en algunos casos eran contrarios a su ideología, sabía que serían del agrado del pueblo. El eje de la propuesta era la necesidad de que el Estado siguiera interviniendo en las actividades económicas del país para controlarlas y lograr, así, que México pudiera salir del bache financiero por el que atravesaba.

En materia económica se establecieron dos prioridades: recuperar el control estatal sobre los recursos naturales, y promover el desarrollo económico a través del Estado mexicano. En cuanto al campo, se estipulaba la desaparición de los latifundios, el fomento del reparto agrario a través del ejido, y la creación, por parte del gobierno, de organizaciones que agruparan al campesinado. En el ámbito obrero, se partía de la base de crear un sistema de seguridad social, instaurar los contratos colectivos, y fomentar las organizaciones obreras, en particular una que pudiera agrupar a todos los trabajadores mexicanos. En educación se hablaba de incrementar los recursos de la SEP e implantar el sistema de educación socialista, del que tampoco se abundaba mucho. Finalmente, en política interior se establecía el fortalecimiento de la figura del presidente a través del control de los gobernadores estatales, quienes se deberían reportar con el ejecutivo nacional al menos una vez por día.

Con el Primer *Plan Sexenal*, Cárdenas inició la que sería la mayor gira presidencial que cualquier otro candidato al cargo realizara, al menos hasta 1969-1970 con Luis Echeverría. No sólo visitó las grandes ciudades, también tuvo tiempo para recorrer los pueblos, las rancherías, las aldeas con menos de 100 habitantes… y, lo que fue aún más importante, de platicar con la gente y escuchar sus demandas. Los campesinos, ya fueran indígenas o mestizos, no daban crédito de que este "hombre importante" fuera a verlos y quisiera conocer tanto sus problemas como sus demandas. Realmente se trataba de algo increíble en la época.

Otros, entre ellos el propio Calles, también se sorprendieron, pues no encontraban sentido en lo anterior, más aún cuando se sabía que todo candidato del PNR, con gira proselitista o sin ella, era el virtual ganador de las elecciones. Lo que pocos podían vislumbrar es que ya desde entonces Cárdenas deseaba quitarse la tutela del "jefe máximo" y que, gracias a lo sucedido con Pascual Ortiz Rubio, había aprendido que para ello era necesario contar con el apoyo tanto de los políticos como del pueblo mexicano.

En las elecciones de 1934, Lázaro Cárdenas arrasó al obtener el 98%[15] de los votos frente a sus rivales, Adalberto Tejeda e Ignacio Villarreal, que tan sólo fueron comparsas.

La presidencia de Lázaro Cárdenas

Lázaro Cárdenas buscó captar el apoyo y la simpatía populares desde el inicio de su mandato. Su primer paso consistió en transformar la imagen del Presidente para que el pueblo sintiera que el ejecutivo, lejos de ser una persona inalcanzable, era alguien que estaba a su lado. Para ello, llevó a cabo una serie de cambios que aunque hoy se pueden tachar de populistas, en su momento recibieron una gran recepción entre las mayorías desposeídas del país. Dio la orden de que todos los telegramas enviados por los ciudadanos a la presidencia fueran gratuitos; eliminó de los banquetes oficiales el frac, los vinos y los licores de importación, así como la gran variedad de platillos que en ellos se servían. También se redujo el sueldo a la mitad y se rehusó a seguir habitando en el castillo de Chapultepec por considerar ello como una ofensa contra los millones de mexicanos que vivían en la miseria; en su lugar, mandó construir "Los Pinos" que hasta el día de hoy es la residencia oficial de los presidentes de México.

Los primeros días de su mandato fueron difíciles, pues hubo de enfrentarse a un factor que amenazaba con desestabilizar el orden y que tenía por nombre Tomás Garrido Canabal. Éste, en su calidad de gobernador de Tabasco, inició una campaña en la que deseaba erradicar los dos supuestos males mayores que azotaban al pueblo mexicano: el alcoholismo y la religión. A la clausura de las cantinas y a la prohibición de la producción de bebidas alcohólicas siguió el cierre, el saqueo y la

---

[15] Véase Pablo González Casanova. *Op. cit*, p. 230.

El general Lázaro Cárdenas
fue el primer presidente
revolucionario en tener un
mandato sexenal.

quema de Iglesias, así como la persecución y la vejación de sacerdotes y monjas.

Independientemente de cuáles fueran sus ideas políticas, Cárdenas sabía que no se podía dar el lujo de tener conflictos con la Iglesia Católica, más aún cuando deseaba el apoyo de un pueblo que mayoritariamente profesaba este culto, así que con la venia de Calles nombró a Garrido secretario de Agricultura y lo llevó a la ciudad de México. Sin embargo, la medida ayudó poco, pues el otrora gobernador de Tabasco organizó un grupo paramilitar conocido como "camisas rojas" que en dos ocasiones, una en Coyoacán y otra en Tacubaya, protagonizó una serie de balaceras contra los feligreses que salían de los templos. Molesto por esta situación, el Presidente lo envió a Costa Rica en misión oficial, en lo que a todas luces fue un benévolo exilio.

Para lograr una posición propia e independiente, Cárdenas comenzó a acercarse a los grupos políticos que habían sido desplazados por los sonorenses, en particular a los villistas y zapatistas, movimiento que si bien no fue del agrado de Calles tampoco provocó su enojo. En sí, fueron dos los acontecimientos que marcaron el inicio de la ruptura entre estos dos políticos mexicanos. El primero fue la orden dada por Cárdenas de que se cerraran las casas de juego y de citas en la Ciudad de México, en su mayoría propiedad de callistas y de amigos del "jefe máximo". Sin embargo, el segundo acontecimiento fue más importante, pues el Presidente comenzó a fomentar las huelgas para mejorar la situación de los obreros.

Nadie pone en duda los trasfondos sociales y económicos que motivaron estas medidas, pero también se debe reconocer que detrás de ellas se encontraba un afán de trastocar el orden impuesto por Calles y de afectar los intereses de sus amigos o, en otras palabras, de provocar al "jefe máximo".

En ese momento, Calles optó por no guardar silencio. Utilizó a la prensa para expresar que la política laboral cardenista ponía en peligro la unidad revolucionaria y que, de seguir así, le auguraba —o amenazaba— al Presidente un fin similar al de Pascual Ortiz Rubio. Estas declaraciones hicieron patente la división entre el michoacano y el sonorense, frente a lo cual, los obreros decidieron brindar íntegramente su apoyo al Presidente.

Una vez que los bandos se definieron con claridad, Cárdenas comenzó a enviar emisarios a los estados para que los gobernadores y los jefes militares aclararan su postura frente a él. Del mismo modo, aprovechó para hacer cambios en su gabinete al sustituir a los callistas por cardenistas. El "jefe máximo" utilizó de nuevo a la prensa para seguir criticando y descalificando al Presidente, a lo que Cárdenas respondió, en 1935, con una serie de cambios en el PNR que llevaron a la destitución de Emilio Portes Gil como su presidente, y a la expulsión de Calles y de sus seguidores más importantes. El "jefe máximo" decidió exiliarse en Estados Unidos como medida de protesta por la decisión anterior.

El sonorense regresó en 1936 para encontrarse con un país diferente al que había dejado. Los políticos importantes eran cardenistas, los obreros estaban en su contra y se habían reavivado los rumores que lo acusaban de ser corrupto y de haber participado en el asesinato de Obregón. Todos sus esfuerzos por recuperar el terreno perdido y volver a ser el "jefe máximo", fueron inútiles y la puntilla le fue dada el 10 de abril, cuando él y una camarilla de políticos no queridos por el régimen —entre los que destacaba Luis Morones— fueron expulsados del país. A partir de entonces, Cárdenas, al fin, comenzó a gobernar verdaderamente.

Por la experiencia sufrida, el primer mandatario estuvo siempre a favor del corporativismo, es decir, de que el gobierno organizara a los diferentes sectores sociales a través de corporaciones (sindicatos, partidos, confederaciones…) que le ayudaran a ejercer un mayor control sobre la sociedad.

El primer paso que se dio en la materia fue con los obreros. Era necesario crear una organización parecida a la CROM pero que, a diferencia de ésta, no fueran tan evidentes sus lazos con el gobierno, ello con la finalidad de atraer una mayor cantidad de trabajadores y proyectar una buena imagen de este organismo en el ámbito obrero nacional. En 1936 fue fundada, bajo el liderazgo de Vicente Lombardo Toledano, la Confederación de Trabajadores de México (CTM), cuyas premisas abarcaban la abolición de la propiedad privada, la lucha por el socialismo, la reivindicación de los derechos obreros de huelga, vivienda y alimentación dignas, de capacitación profesional y de tener buenas condiciones de trabajo. Se trataba de un discurso innovador, opuesto al manejado por la CROM, fue lo suficientemente poderoso para atraer al seno de la CTM a los sindicatos más importantes del momento: ferrocarrileros, petroleros, electricistas, burócratas, maestros y profesionistas.

Del mismo modo, como acaeció con los obreros, el régimen cardenista estaba convencido de que había llegado el momento de agrupar a los campesinos en una sola central. Para cumplir con este meta, se recurrió a los estrechos vínculos que existían entre el PNR y el gobierno. Con recursos humanos, económicos y materiales oficiales, el partido comenzó una campaña de coorporativización de los campesinos, a través de ligas y organizaciones pequeñas que poco a poco se iban fusionando para dar vida a otras que también se sumaban entre sí para crear otras nuevas, etc. Fue de esta forma como se fundó la Confederación Nacional Campesina (CNC) que se logró consolidar hasta 1938 cuando el gobierno central logró abatir la resistencia de algunos caciques locales.

Otro de los logros del corporativismo cardenista se dio en 1938 cuando el PNR se transformó en el Partido de la Revolución Mexicana (PRM). Frente a la sociedad se justificó esta transición alegando que el PNR había dejado de ser verdaderamente revolucionario, ya que sólo representaba los intereses de la burguesía nacional. Más allá de esta explicación, quedaba claro que a Cárdenas le estorbaba el PNR por ser una organización identificada con el callismo y por poseer una estructura interna poco afín a sus planes; así que al cambio del nombre le acompañaron también transformaciones en la ideología —comenzó a manejarse un discurso socialista—, pero principalmente en su organización interna. El PRM quedó dividido en cuatro sectores que, supuestamente, representaban a la nación: el obrero, el campesino, el popular y el militar y que, salvo este último, aún existen. Es un hecho que fue más fácil para las autoridades ejercer el control sobre este organismo político a través de la organización de sus miembros en bloques, que por medio de la afiliación individual.

El reparto agrario fue uno de los logros más destacados, y cuestionados, de la presidencia cardenista. Aunque el ejecutivo siempre brindó su apoyo a favor de la propiedad colectiva de la tierra, también supo respetar las pequeñas propiedades privadas que los presidentes anteriores habían dotado.

En 1936 se dio un paso importante en el reparto de tierras, pues se procedió a la substitución de los latifundios por ejidos en la comarca lagunera. Fueron 500 mil las hectáreas que se distribuyeron en un abrir y cerrar de ojos entre aquellos que anteriormente habían sido peones en las haciendas o que fueron llevados exprofeso de regiones como Oaxaca y Chiapas, y a los que se obligó a formar cooperativas para el uso de la escasa maquinaria. Esta misma política se aplicó en el valle del Yaqui, en Michoacán, en Sinaloa y en otras regiones del país, hasta alcanzar la asombrosa cifra de más de 18 millones de hectáreas repartidas en seis años de gobierno.

A pesar de lo anterior, es importante señalar que la política agraria tuvo algunas deficiencias. Los latifundistas afectados no recibieron inmediatamente el pago de sus tierras, de ahí que se convirtieran en enemigos dispuestos a apoyar a cualquiera que se levantase en contra del régimen; el deslinde de las tierras fue, en ocasiones, rápido y no siempre bien planeado, lo que repercutió en la aparición de marcadas diferencias en el desarrollo posterior de los ejidos —entre aquellos que poseían tierras fértiles y aquellos que no las tenían—. De igual forma, la administración no pudo cubrir la demanda de insumos de los campesinos, principalmente de tractores y de sistemas de riego, herramientas básicas para la modernización del campo mexicano.

A final de cuentas, la política agraria en este sexenio arrojó dos saldos, uno positivo y otro negativo. El primero fue que cubrió las expectativas de miles de campesinos que al fin veían cómo la Revolución cumplía con sus reclamos; el segundo fue que, con la llegada de los ejidos, comenzó a disminuir la producción agrícola y no pasaría mucho tiempo para que el país tuviera que empezar a importar alimentos básicos.

La política interna de este sexenio se caracterizó por un fuerte nacionalismo que partía de la premisa de que el futuro del país dependía de que éste recuperara el control sobre sus recursos.

En mayo de 1937, Cárdenas decidió expropiar el 49% de las acciones de Ferrocarriles Nacionales que aún estaban en manos de extranjeros.[16] Los afectados no se opusieron a esta decisión, al contrario, la apoyaron, ya que entonces los ferrocarriles habían dejado de ser un negocio rentable como resultado de la destrucción generada entre 1910 y 1917. Ésta fue una decisión de carácter político más que económico en cuanto a que el Presidente era el primero en saber que la expropiación del ferrocarril era, como usualmente se dice, "echarle dinero bueno al malo" pero, a cambio, ayudó a fortalecer su imagen como político nacionalista.

Una historia diferente, más espectacular, fue la de la expropiación del petróleo. En 1936, los obreros mexicanos que laboraban en las compañías petroleras internacionales se fueron a la huelga para exigir a los patrones el establecimiento de contratos colectivos y un importante aumento salarial; éstos aceptaron la primera condición, no así la segunda, al alegar que sus ganancias habían sido marginales y que no podrían dar el incremento solicitado.

Como las partes en cuestión no lograron ponerse de acuerdo, el conflicto llegó a manos de la Junta de Conciliación y Arbitraje, instancia que, tras hacer un serio estudio sobre las ganancias de las empresas petroleras, dictaminó que el aumento salarial sí operaba. Dichas empresas, principalmente las norteamericanas, que eran la mayoría, buscaron ampararse y comenzaron a sacar sus capitales del país mientras aguardaban el fallo de la Suprema Corte de Justicia que, como era de esperarse, les fue contrario.

Las compañías extranjeras desacataron el fallo y retaron al gobierno mexicano al despedir a los huelguistas, substituirlos por esquiroles y contratar rompe huelgas para que golpearan a los obreros nacionales, todas ellas acciones claramente ilegales. Para impedir que la situación tomara un rumbo más violento y obteniendo provecho de la "rebeldía" de los propietarios de estas compañías petroleras, Cárdenas decretó el 18 de marzo de 1938 la expropiación del petróleo.

Si bien la decisión fue aplaudida por millones de mexicanos que se volcaron para apoyar al gobierno, los americanos, los ingleses y los holandeses afectados comenzaron a organizar un bloqueo internacional contra México con el que se buscaba que ninguna arrendadora de buques cisterna o vendedora de refacciones para la maquinaria de extrac-

---

[16] El 51% restante ya había sido expropiado por Porfirio Díaz en 1908.

Con la expropiación del petróleo, Lázaro Cárdenas dio un paso importante en el fortalecimiento económico y político del Estado mexicano.

ción tuviera contactos comerciales con el país. Cierto es que entre los insumos expropiados no había barcos petroleros y apenas algunas refacciones, pero en un contexto mundial donde el estallido de un conflicto bélico de grandes dimensiones era esperado, el gobierno mexicano supo abrirse camino y buscar nuevos mercados para su producto. Se establecieron contactos con los gobiernos alemán e italiano, entre otros, para venderles el oro negro a precios más bajos con la condición de que se comprometieran a recoger aquí la mercancía.

El acercamiento con los rivales potenciales de Estados Unidos fue suficiente para que el gobierno de esta nación aplacara los ánimos exaltados de sus petroleros y comenzara las negociaciones pertinentes con su contraparte mexicana en lo referente a las indemnizaciones. Si bien aún existían algunas fricciones, la situación mejoraría en 1941 cuando Estados Unidos entró en la Segunda Guerra Mundial y comenzó a interesarse por el petróleo mexicano.

Tres meses después de este acontecimiento, estalló el que sería el último levantamiento militar importante en la historia de México. El general Saturnino Cedillo había sido secretario de Agricultura de Cárdenas, pero después de haberse opuesto a ciertas decisiones tomadas por el Presidente, fue depuesto. Molesto, se refugió en San Luis Potosí, región en la que ejercía su cacicazgo, y desde la que organizó una insurrección contra el gobierno con el deseo de que lo llevara a ocupar la presidencia en 1940 o antes.

A pesar de estar respaldado por antiguos latifundistas y petroleros norteamericanos, el levantamiento tuvo una corta vida. La mayoría de los oficiales de alto rango permanecieron fieles al Presidente y, además, Cárdenas contó con tal apoyo de los campesinos potosinos que, armados por él, combatieron a los insurrectos. Al cabo de unos meses, los cedillistas se rindieron, aunque su líder aún continuó levantado en armas hasta que fue muerto en 1939.

Por otra parte, la educación era un puntal importante del desarrollo futuro del país, según la visión cardenista. Si bien se modificó el artículo 3° de la Constitución para que la educación primaria fuera socialista además de obligatoria, laica y gratuita, lo cierto es que en realidad el modelo cardenista no fue íntegramente socialista, más bien era nacionalista y estaba enfocado a sacar de la miseria a los obreros, campesinos e indígenas en general.

La educación fue uno de los pilares fundamentales del régimen cardenista.

En el campo se crearon escuelas de estudio y trabajo en las que los campesinos recibían una formación académica por las mañanas y laboraban con nuevas técnicas agrícolas por las tardes. De igual forma, se construyeron en las ciudades muchas escuelas nocturnas donde los obreros se educaban con la finalidad de poder contar con mejores sueldos y oportunidades en el futuro.

La educación superior también se vio fortalecida con la creación de instituciones educativas como el Instituto Politécnico Nacional (IPN) y la Escuela Nacional de Antropología e Historia, centros que desde su fundación, y hasta el día de hoy, son de vital importancia para la vida docente de México. En cuanto a la Universidad Nacional Autónoma de México (UNAM), se respetó su soberanía y se incrementó su subsidio para que pudiera cubrir la creciente demanda estudiantil.

Las relaciones exteriores en tiempos de Cárdenas estuvieron marcadas por algunos roces con Estados Unidos, como el del petróleo, pero también por una política de apoyo a la República Española que se cristalizó con el envío de armas a ésta mientras se libraba la Guerra Civil de 1936-1939, y con la política de puertas abiertas a los republicanos que buscaron refugio en nuestro país. A la postre, esta emigración sería esencial para el fortalecimiento de la vida artística y cultural de la nación, puesto que gente tan ilustre como Wenceslao Roces, Eduardo Nicol y José Gaos, sólo por citar algunos, se integrarían a la planta docente del IPN y de la UNAM, y fundarían centros docentes como el Colegio de México y editoriales de la talla del Fondo de Cultura Económica.

La transmisión del poder en 1940 estuvo claramente influida por la situación interna de México. El país se encontraba dividido en dos grandes bloques: los cardenistas y los anticardenistas descontentos porque, de alguna u otra forma, vieron afectados sus intereses y, precisamente por ello, algunos decidieron fundar en 1939 el Partido Acción Nacional. La división era tan profunda que no fueron pocos los que vieron como una realidad el peligro de la guerra civil.

En el interior del PRM había cuatro aspirantes a la presidencia. Manuel Ávila Camacho, secretario de Guerra y Marina; Francisco Múgica, secretario de Comunicaciones y Obras Públicas; Juan Andreu Almazán, jefe de Operaciones Militares en Nuevo León, y Rafael Sánchez Tapia, comandante de la Primera Zona Militar. De ellos, era Múgica el que aparentemente tenía más posibilidades, pues una amistad añeja le unía con el Presidente.

No es de dudar que Cárdenas sintiera la tentación de elegir a Múgica como su sucesor; sin embargo, el contexto imperante no era propicio para su nominación, pues había demostrado ser un auténtico socialista y, en consecuencia, su designación sólo caldearía aún más los ánimos al interior del país y con Estados Unidos. No, el "bueno" debería ser alguien moderado que, según el propio Cárdenas, estuviera dispuesto a corregir algunos de los "excesos" cometidos en su mandato.

Por lo anterior, el Presidente designó como su sucesor al general Manuel Ávila Camacho, un político y militar de tan bajo perfil que, en broma, muchos lo llamaban el "soldado desconocido", por no conocérsele alguna batalla importante en la que hubiera participado.

La nominación del secretario de Guerra y Marina fue bien recibida en el PRM, salvo por Tapia y Almazán, que consideraban tener méritos suficientes para ocupar el ejecutivo federal, así que ambos renunciaron al PRM. Almazán fundó el Partido Revolucionario de Unificación Nacional y, como era de esperarse, se postuló como candidato a la presidencia.

Almazán llevó a cabo una campaña proselitista por gran parte del territorio nacional que se caracterizó tanto por un discurso antigubernamental como por granjearse el respaldo de los sectores más disconformes con el cardenismo. Hábilmente dejaba entrever a sus seguidores que iba a ser víctima de un fraude electoral y que, de ser así, se levantaría en armas para hacer valer su triunfo en las urnas.

El 7 de julio se llevaron a cabo los comicios. El proceso se distinguió por la violencia y el derramamiento de sangre, más de los almazanistas que de los cardenistas. El resultado fue tan inverosímil que a todas luces era una evidencia manifiesta de uno de los mayores fraudes en la historia del México revolucionario. Ávila Camacho había obtenido casi el 94%[17] de la votación, mientras que a Almazán le reconocieron poco menos del 6% de la misma.

En vez de recurrir a las armas, el candidato derrotado buscó apoyo en el gobierno norteamericano, el cual le fue negado.

---

[17] Véase Pablo González Casanova. *Op. cit*, p. 230.

4

LA TRANSFOMACIÓN DEL ESTADO REVOLUCIONARIO
(1940-1970)

La presidencia de Manuel Ávila Camacho

Cuando Manuel Ávila Camacho asumió el poder, en el país existía la impresión generalizada de que no había triunfado en las urnas y que, por lo tanto, había sido impuesto por Cárdenas. Esto hizo pensar a algunos, mucho antes de que Ávila Camacho pudiera demostrar lo contrario, que el suyo sería un gobierno continuista.

Sin embargo, la realidad fue otra. Como ya se anotó anteriormente, ni el michoacano ni su sucesor estuvieron interesados en la continuidad; es más, desde el 1° de diciembre de 1940, el ex presidente procuró distanciarse del poder en la medida que le fue posible para dar una mayor libertad de acción a Ávila Camacho, cuya prioridad era mantener unido al país y, a través de ello, legitimarse como presidente de México.

El primer paso fue nombrar un gabinete de conciliación en el que hubiera representantes de las dos tendencias políticas imperantes: el callismo y el cardenismo. Es virtualmente imposible encontrar en esta época un grupo que sirviera de apoyo al Presidente para imponerse a estos dos bandos antagónicos, si bien la razón de la ausencia de una facción se debe, en gran medida, al bajo perfil político que por años había caracterizado a Manuel Ávila Camacho. Fue hasta 1943 que al fin logró surgir un grupo avilacamachista que, sólo hasta el final del sexenio, logró imponerse a las otras corrientes revolucionarias.

Las diferencias entre los políticos callistas y cardenistas eran manifiestas, tanto, que medios como la prensa y la radio fueron utilizados como campos de batalla en los que unos intentaban defenderse y desprestigiar a los otros. Esta lucha campal sólo ayudaba a deteriorar más la imagen del gobierno y de quien lo encabezaba, entre una población que día a día se habituaba a ello.

Para solucionar este conflicto, Ávila Camacho trabajó en dos ámbitos: el de la familia revolucionaria y el de la sociedad civil. En el primero, se encargó de poner en práctica una política de "cierre de filas" al

Durante el gobierno de Manuel Ávila Camacho, México participó en la Segunda Guerra Mundial.

interior del PRM y del gobierno, con la que estableció la norma básica del sistema político mexicano para los años venideros y que puede resumirse coloquialmente como: "los trapos sucios se lavan en casa". Al Presidente no le interesaba que la elite política estableciera vínculos de amistad en su interior pero, en cambio, sí que se mostrara frente a la sociedad como un contingente homogéneo que jamás cuestionaba las órdenes dadas por el Presidente. Los eventos sucedidos en el sexenio demuestran que Ávila Camacho logró disciplinar con bastante éxito a esta jerarquía.

Con la sociedad civil se recurrió a otro método, más sutil pero igualmente efectivo; para comprenderlo, habrá que recordar que la Segunda Guerra Mundial había iniciado en 1939 y que México, por razones que más adelante se explicarán, tomó parte de la misma en 1942, que este contexto fue utilizado por el gobierno para dar pie a la "Política de Unidad Nacional", proyecto en el que se fomentaba la unión de todos los mexicanos para que, conjuntamente, pelearan y derrotaran al enemigo común, que entonces era el fascismo en sus vertientes alemana e italiana. A ello habría que sumar un acontecimiento efectista: la reunión, en 1942 y por instancias de Ávila Camacho, de todos los ex presidentes vivos: Adolfo de la Huerta, Plutarco Elías Calles, Emilio Portes Gil, Pascual Ortiz Rubio, Abelardo Rodríguez y Lázaro Cárdenas. Aunque se trataba de un mero discurso político pletórico de teatralidad que respondía más a las necesidades internas que externas del país, lo cierto es que ayudó a zanjar las diferencias políticas entre los mexicanos.

Gracias a la renovación de las cámaras de Diputados y de Senadores, en 1943 se puede observar la aparición de un grupo considerable, en tamaño, no en fuerza, de seguidores. Eran "avilacamachistas" en esta época todos aquellos que mostraban un cierto grado de adhesión al Presidente y que, principalmente, no se identificaban con el callismo ni el cardenismo. El hecho de explicar esta agrupación por lo que no era, pone en evidencia su debilidad y su falta de cohesión.

Para asegurar el triunfo de sus candidatos, Ávila Camacho recurrió exactamente a los mismos medios que le habían llevado a la presidencia, es decir, al fraude, los robos de casillas y el uso de los grupos de choque para amedrentar a los contrincantes y a los pocos votantes que mostraron interés por participar en el proceso electoral.

La "Unidad Nacional" también implicó una serie de cesiones y concesiones por parte de grupos sociales tan importantes como los obreros. Ávila Camacho estaba en contra del radicalismo que la CTM había manifestado en el sexenio anterior, pues más allá de las consideraciones personales, para el ejecutivo el discurso cetemista tendía a tensar las relaciones obrero-patronales, situación que no favorecía el desarrollo de la incipiente industria mexicana; por ello, se llevaron a cabo una serie de cambios que tenían como finalidad apaciguar a la central obrera y permitir al gobierno ejercer un mayor control sobre los trabajadores.

Con Lombardo Toledano se acordó moderar la ideología y los discursos de los líderes de la CTM, de tal forma que se dio un giro en el que se hizo a un lado la "confrontación" en aras de la "conciliación"; asimismo, se puso en la Presidencia del Comité Central de la Confederación a Fidel Velázquez, líder conocido entonces por su moderación. También, y por órdenes del presidente, se reformó la *Ley Federal del Trabajo* para reglamentar con mayor rigidez el derecho a huelga de los obreros, y se creó la Secretaría del Trabajo y Previsión Social para que el Estado pudiera ejercer con mayor fuerza su papel como árbitro en las disputas obrero-patronales.

Uno de los resultados más tangibles de este sometimiento de la CTM a las presiones gubernamentales, fue la considerable disminución del número de huelgas en el territorio nacional. Claro está que en un país donde nada se regala en política, todas estas concesiones hechas por los trabajadores tuvieron que ser compensadas por el Estado, y esa compensación se cristalizó en 1943 con la fundación del Instituto Mexicano del Seguro Social (IMSS), organización que debía ofrecer cuidados y protección médica a los obreros que estuvieran afiliados.

En cuanto a los campesinos, el gobierno avilacamachista llevó a cabo una política de "rectificación de los excesos cometidos por el cardenismo", es decir, se relegó al ejido a favor de la pequeña propiedad privada, lo cual no fue producto de un capricho, sino resultado del modelo de desarrollo económico que se había puesto en marcha.

A raíz de la Segunda Guerra Mundial, el gobierno mexicano se vio obligado a poner en práctica un programa de substitución de importaciones en el que, como su nombre lo indica, se debían de producir todos aquellos bienes que anteriormente se compraban a Estados Unidos. A pesar de que lo anterior permitiría promover el desarrollo industrial del país porque gran parte de las importaciones eran manufactureras, también obligaba a los campesinos mexicanos a producir materia prima para las industrias. Por primera vez en la historia de México, se vinculaban la industria y el campo y, de igual forma, se tenía una visión de la producción agrícola que iba más allá de la generación de alimentos.

A través de una política en la que se exaltaba el carácter productivo de la pequeña propiedad privada frente al ejido comunista y de autoconsumo, el gobierno comenzó a dar facilidades a todos aquellos que deseaban ser dueños de parvifundios y, en contraste, a obstaculizar la creación de nuevos ejidos. En esta política de rectificación se llegó al exceso de desplazar a los ejidatarios para parcelar y repartir sus tierras entre pequeños propietarios, o bien, entre sus antiguos dueños.

Claro está que decisiones como la anterior generaron problemas, pues los campesinos afectados se quejaron con las autoridades y empezaron a amenazar a quienes se habían adueñado de las tierras que, hasta hacía poco, habían trabajado. Las respuestas fueron diversas, ya que mientras la autoridad creaba nuevos ejidos en lugares tan poco habituales como playas, cerros y desiertos para acallar las protestas, los pequeños propietarios comenzaron a defenderse dando armas a los campesinos que laboraban en sus tierras, y que, con el paso del tiempo, se transformarían en grupos paramilitares conocidos como "guardias blancas".

La situación económica del país no era buena, pues estos conflictos en el campo provocaron una disminución en la producción de materias primas y de alimentos. Además, el gobierno no había prestado interés al problema de la inflación que, entre 1934 y 1943, era de 150% acumulado, y el conflicto armado había hecho que las importaciones alcanzaran precios prohibitivos. En consecuencia, la población carecía de recursos suficientes para adquirir los bienes que el mercado, estancado desde hacía años, les ofrecía.

Los miembros del gabinete de Ávila Camacho eran políticos, no economistas, de ahí que sugirieran al presidente una serie de medidas que aunque no iban a cortar de tajo estos problemas, al menos servirían como una solución temporal. En principio, el Presidente elaboró un decreto por el que se congelaban los precios de los productos básicos y, a continuación, procedió a limitar el derecho de huelga de los obreros para no afectar los intereses de la naciente clase empresarial, a la par que creaba una comisión tripartita en la que él y los líderes empresariales y obreros se reunirían para solucionar los conflictos que a sus representados afectaban. La situación económica tuvo una cierta mejoría, si bien los procesos de inflación y de empobrecimiento de gran parte de la sociedad no pudieron revertirse.

Un aspecto por demás interesante del gobierno avilacamachista fue el de la educación, ya que la reforma hecha en la materia por la administración anterior, molestó a los sectores tradicionales del país que se habían alarmado por la inclusión de la palabra "socialista" en el artículo 3° constitucional.

El presidente reconocía los problemas que la cuestión educativa había generado y decidió hacer algunos cambios para lograr que los enemigos aliados le ayudaran en su "Política de Unidad Nacional". Eliminó de la carta magna la palabra "socialista" y, en cambio, propuso un modelo educativo basado en el desarrollo intelectual, físico y espiritual que fomentase el nacionalismo y la unidad de los alumnos. También entabló una lucha contra los elementos marxistas al interior de la Secretaría de Educación Pública y permitió a los particulares, en especial a los miembros de la Iglesia Católica,[18] tener una mayor ingerencia en la vida educativa del país.

Las relaciones de México con Estados Unidos fueron estrechas gracias a la Segunda Guerra Mundial, y en 1941 ambas naciones firmaron un convenio en el que Estados Unidos quitaría su apoyo a las empresas

---

[18] Esto se debió también a que Ávila Camacho manifestó públicamente el día de su toma de posesión que era un católico profeso.

americanas que exigieran cantidades desmedidas como indemnización de la expropiación petrolera.

Asimismo, también se logró establecer un programa bilateral en el que el gobierno estadounidense ofrecía a los trabajadores mexicanos prestaciones sociales y la garantía de que no se les reclutaría a cambio de que trabajaran en lugar de los americanos que se encontraban en el frente. A pesar de las garantías anteriores, hubo casos en que los mexicanos fueron víctimas de malos tratos y abusos.

En cuanto al conflicto bélico, el país se mantuvo al margen del mismo hasta que el 14 de mayo de 1942 fueron hundidos en las costas de Florida los petroleros mexicanos *Potrero del Llano* y, ocho días después, *Faja de Oro*. Dichas acciones obligaron al gobierno de México a declararle la guerra al Eje y enviar al famoso Escuadrón 201 cuyos miembros entraron en acción pocos meses antes de que se terminara la guerra en el Pacífico.

Al sexenio de Manuel Ávila Camacho correspondió también la llamada "época de oro" del cine mexicano, sector que, como muchas áreas de la industria nacional, creció impresionantemente durante la Segunda Guerra Mundial, aunque el fortalecimiento del cine mexicano se debió más a factores externos que a internos. La interrupción de la producción fílmica europea, así como de la distribución de Estados Unidos, generó un vacío en Iberoamérica que fue cubierto por los productores mexicanos con filmes realizados en el país.

Los ejes temáticos de las películas de aquella época son, en esencia, tres. El primero fue el de las comedias rancheras en las que el personaje principal era el charro, un macho bebedor, pendenciero y enamoradizo que, por contradictorio que pueda perecer, no tenía empacho alguno tanto en arrebatarle la vida a quien lo mereciera como en llorar amargamente en una cantina acompañado por una botella de tequila, tal como se presenta en *Ay, Jalisco no te rajes* (1941).

Otro tipo de películas que gozó de popularidad fueron las del drama y el melodrama que usualmente se encontraban inspiradas en canciones urbanas y en música tropical. Desarrolladas entre el hogar materno y el pérfido burdel, los filmes de este género, como *Madres del mundo* (1943) y *El calvario de una esposa* (1943), presentaban la imagen de una mujer que estaba dispuesta a salvar el núcleo familiar a través de una serie de padecimientos que siempre llevaban a un final feliz y en los que la moraleja era que para llegar a la felicidad, primero había que sufrir, y bastante.

Una tercer temática muy solicitada en esos días fue la del género cómico, emanado de las entrañables carpas que abundaron en la ciudad de México a principios del siglo XX. Si bien hubo una considerable cantidad de carperos que incursionaron en el cine fue, sin lugar a dudas, uno el que más destacó en el país y en el mundo: Mario Moreno "Cantinflas".

En México, Centro y Sudamérica, Estados Unidos y España, Cantinflas comenzó a brillar durante este periodo dorado gracias a esa forma tan peculiar de hacer humor en la que, por querer decir todo al mismo tiempo, terminaba por decir nada.

Este periodo del cine nacional no sólo legó películas de gran calidad, también actores como Arturo de Córdoba, Katy Jurado, Dolores del Río, Pedro Armendáriz, María Félix, Pedro Infante, María Elena Marqués y Jorge Negrete, cuyo trabajo enriqueció la historia cinematográfica de México.

Sin embargo, el declive de la época de oro del cine mexicano comenzó en 1946, poco después de que la Segunda Guerra Mundial llegara a su fin y en un momento en el que Estados Unidos reinició su producción fílmica a la par que comenzó a obstaculizar la distribución de películas mexicanas en el continente americano para recuperar el mercado que, temporalmente, había perdido.

Respecto a la sucesión presidencial, es importante remarcar que ésta generó una serie de especulaciones e inquietudes que, aunque intentaron ser acalladas por el Presidente, lograron enrarecer el ambiente político. Uno de los factores que favoreció esta situación fue el hecho de que Maximino Ávila Camacho, hermano de Manuel, hiciera públicas sus aspiraciones de ocupar la silla presidencial, posibilidad que a muchos aterraba pues este hombre era bien conocido por sus excesos y por los métodos poco ortodoxos que utilizaba para acabar con sus opositores; sin embargo, la calma regresó después de que en 1945 se hizo pública la noticia de que Maximino había muerto tras asistir a un banquete en el que, como era usual, había bebido y comido abundantemente.

Tras lo anterior, eran dos los nombres que más sonaban para suceder a Ávila Camacho: el general Ezequiel Padilla, secretario de Relaciones Exteriores, y el licenciado Miguel Alemán Valdés, secretario de Gobernación. Mientras que el primero representaba la continuidad de los regímenes militares en México, el segundo simbolizaba el fin del militarismo y la llegada de los civiles al poder.

La sociedad mexicana deseaba contar al fin con un presidente que no hubiera emanado de las filas del ejército, y Ávila Camacho lo sabía tan bien que, a pesar de ser militar, gobernó durante gran parte de su sexenio como civil. Por las razones anteriores, se decidió por Miguel Alemán, pero quiso que su candidatura fuese postulada oficialmente en 1946 por el sucesor del PNR: el Partido Revolucionario Institucional (PRI).

La fundación del PRI tenía como finalidad erradicar toda la corriente de izquierda del partido oficial y convertir a éste en la maquinaria electoral del gobierno que permitiera a los revolucionarios, y sus sucesores, mantenerse en el poder, e iniciar una nueva era política que acabara con la etapa socialista de la Revolución para dar paso a una que introdujera de lleno al país en el capitalismo.

El general Padilla no vio con buenos ojos la designación de Alemán como candidato oficial a la presidencia, y optó por separarse del partido para fundar el Democrático Mexicano y, así, competir en el proceso electoral. En julio de 1946 se llevaron a cabo las elecciones con una calma poco habitual entonces y los resultados fueron favorables a Alemán, quien obtuvo más del 90% de la votación,[19] lo que le permitió asumir la presidencia del país el 1° de diciembre de 1946.

La presidencia de Miguel Alemán

La llegada de Miguel Alemán al poder marcó un cambio notable en el desarrollo de México, pues fue el paso decisivo que se dio para que el país pudiera contar, a partir de entonces y hasta ahora, con un régimen civil que se constituía como heredero legítimo de las luchas y reivindicaciones revolucionarias. Al respecto, este gobierno era visto como el logro de los esfuerzos realizados desde Carranza para crear un Estado fuerte y centralizado.

Miguel Alemán generó muchas expectativas por diversas razones. Era un gobernante civil y joven, algo poco habitual hasta entonces, que incluyó en su gobierno a una serie de universitarios que habían estudiado, en su mayoría, la carrera de derecho en la Universidad Nacional

---

[19] Véase Pablo González Casanova. *Op. cit*, p. 230.

Miguel Alemán fue el primer presidente civil del México revolucionario.

Autónoma de México y que proyectaban una imagen de dinamismo y simpatía.

Sin embargo, esta transición no cumplió con una de las mayores aspiraciones que tenían los mexicanos: la instauración de un gobierno democrático. Se creía que con la llegada de los civiles la democracia se convertiría en una parte fundamental de la vida política nacional, y que sería, finalmente, un deseo que se concretaría, pero no fue así.

La característica fundamental de la política del gobierno de Alemán fue el autoritarismo como un medio para fortalecer al presidente. Cabría pensar que un régimen civil sería débil por carecer de la experiencia política, además de que la lealtad de las fuerzas armadas a un presidente no surgido de sus filas podría cuestionarse; por lo anterior, no es de sorprender que el camino seguido por Alemán para gobernar México fuera el del autoritarismo.

Este "despotismo revolucionario" se basó en tres líneas de acción: el sometimiento de los gobernadores al presidencialismo, la eliminación de las tendencias izquierdistas entre los obreros y la expulsión de los elementos comunistas del PRI. Estas dos últimas medidas también hay que atribuirlas al surgimiento de la guerra fría en el mencionado sexenio.

Cuando los gobernadores mostraban cierta autonomía en sus acciones o se mantenían bajo la influencia de algún ex presidente, eran depuestos por otros más disciplinados y sumisos que, además de ser fieles al ejecutivo, lo ayudaban en la lucha contra el caciquismo. Así que no es de extrañar que en los inicios de su gestión, Alemán destituyese a una cantidad considerable de gobernadores.

La supresión de la izquierda en el partido y en los sindicatos estaba íntimamente ligada a los proyectos políticos y económicos alemanistas. Se inició una campaña de persecución contra los miembros del PRI claramente identificados con la izquierda por estar, aparentemente, al servicio del totalitarismo extranjero. Su expulsión fue un severo golpe para los cetemistas de izquierda, encabezados por Vicente Lombardo Toledano, quien también sería expulsado de la central obrera y fundaría el Partido Popular. Su lugar fue ocupado por Fidel Velázquez que, a partir de ese momento, se erigió como un aliado incondicional del gobierno.

La purga en la CTM fue fundamental para el desarrollo de la política económica del Presidente basada en la unidad obrera —sin importar si era forzosa o voluntaria— y el combate a la disidencia al interior de los sindicatos. La represión a los trabajadores de los sectores económicamente importantes (ferrocarriles, petróleo y minería), así como la imposición de líderes "charros",[20] fueron estrategias seguidas por las autoridades para minar aún más la independencia obrera.

La mano del Presidente también se hizo sentir en el ejército, institución que siguió siendo fiel al ejecutivo a pesar de que éste fuera civil. Claro está que el trato que Alemán dio a esta organización distó de ser el mismo dado a la CTM y al PRI pues, en principio, llevó a cabo una política de substitución, vía jubilaciones, de oficiales veteranos por otros más jóvenes que no habían participado en la lucha armada y que, generacionalmente, eran contemporáneos del ejecutivo. También reordenó las zonas militares, para dejar sólo nueve y, con los recursos excedentes, mejorar las condiciones de trabajo de los militares, incrementar sus percepciones económicas y dotarles de una infraestructura que se cristalizó en el Hospital Militar, en el Banco del Ejército y en la edificación de zonas residenciales para los altos mandos.

---

[20] Así eran llamados, y aún lo siguen siendo, aquellos líderes obreros coludidos con las autoridades y que, en vez de abogar por los intereses de sus agremiados, trabajaban en favor del gobierno.

Uno de los objetivos primordiales del alemanismo fue provocar una transformación radical en la agricultura que favoreciera la modernización del campo mexicano, de tal forma que pudiera ser un soporte firme para el crecimiento de la industria nacional; es decir, Alemán continuaría con el proyecto iniciado por Ávila Camacho.

Para el Presidente, la vinculación campo-industria era la base para generar riqueza en el primero, pues si se aseguraba que la producción agraria fuese adquirida por la industria, se lograría que los campesinos tuvieran un mercado cautivo y, consecuentemente, trabajo asegurado para todo el año. Según este modelo, ello incrementaría los ingresos en el campo permitiendo a sus habitantes adquirir más bienes generados por la industria nacional, con lo que el sector empresarial también obtendría beneficio.

El reparto agrario disminuyó al igual que la dotación de tierras ejidales pero, en cambio, se continuó impulsando la propiedad privada rural gracias a la modificación del Artículo 27 constitucional que permitió la creación de los "certificados de inafectabilidad", documentos que garantizaban a los propietarios que el gobierno no podría afectar sus parvifundios. Lo que se pretendía conseguir con este medida era que los pequeños y medianos propietarios tuvieran las garantías necesarias para invertir grandes sumas en sus tierras con la tranquilidad de que éstas no les serían expropiadas.

Aquella fue una época en la que el gobierno hizo una fuerte inversión en el campo, y alcanzó, en alguna ocasión, hasta el 20% del presupuesto federal. Dicha política permitió que se incrementara la construcción de obras de irrigación en el norte del país y en las cuencas de los ríos Papaloapan y Tepalcatepec. A diferencia de otras ocasiones, el trabajo realizado en el campo rindió sus frutos, pues durante ese sexenio la agricultura aumentó casi 10% y se logró un crecimiento sostenido en la producción de azúcar, frijol, maíz y trigo.

Al final de su gobierno, Miguel Alemán había logrado consolidar una burguesía rural que, aunque no vivía del campo por estar formada de políticos, industriales y comerciantes, fue la beneficiaria de la política agraria del momento, no así los ejidatarios quienes, a su pesar y disgusto, quedaron literalmente marginados de ésta.

El sector económico que más apoyo recibió por parte del Estado fue el de la industria en su ramo manufacturero, pues para que creciese y se modernizase, el gobierno trabajó a fin de cubrir la mayoría de las demandas industriales, las cuales se centraban, especialmente, en la protección del mercado interno, la disminución de los impuestos, las exenciones fiscales, el incremento en el crédito interno, la creación de más infraestructura y el control efectivo de salarios. Entonces, el problema era que, a pesar de que se había incrementado el consumo interno del país y la industria se había modernizado notoriamente, no se lograron disminuir las importaciones puesto que se seguían comprando en el extranjero insumos que, a pesar de ser indispensables, aún no se producían en el país.

Uno de los factores que más dio de qué hablar en este gobierno fue el de las finanzas públicas gracias a la radical transformación que sufrieron en seis años. Inicialmente, el estado que guardaban era poco alentador como producto del proceso inflacionario por el que atravesaba el país, de tal forma que una de las primeras metas del régimen alemanista fue la de combatir este mal.

Los medios utilizados para tal fin se caracterizaron por su diversidad. Como primer medida se pusieron en práctica una serie de políticas monetarias y crediticias, se controló el circulante y se incrementó la recaudación interna por medio de una reforma fiscal diseñada para disminuir la evasión en el pago de los impuestos.

Tales esfuerzos de poco sirvieron para detener la espiral inflacionaria ya que, como dificultad adicional, comenzó a registrarse un desequilibrio en la balanza de pagos que repercutió en la disminución de las reservas internacionales con las que contaba el país. Frente a este panorama que se presentaba en 1948, se procedió a devaluar la moneda, que pasó de valer 4.85 pesos por dólar a 8.65.

La devaluación alivió la situación financiera del país porque encareció las importaciones y, en cambio, abarató las exportaciones, con lo cual se logró equilibrar paulatinamente la balanza comercial de la nación y fomentar, aunque fuera en forma mínima, el ahorro interno. Cierto es que también la guerra de Corea ayudó a las finanzas públicas, pues favoreció el retorno de los capitales americanos y el establecimiento de otros nuevos. Aquí se encuentran las bases del famoso "milagro económico mexicano", del que se hablará con mayor detalle más adelante.

Las relaciones entre México y Estados Unidos, por contradictorio que parezca, eran tirantes. Desde el inicio del mandato, el país se mostró como aliado natural de la Unión Americana en la Guerra Fría, tal como lo demostró el rompimiento de las relaciones diplomáticas entre México y la Unión Soviética y la pérdida del registro del Partido Comunista Mexicano en la Secretaría de Gobernación.

En esencia, Alemán había ideado una política exterior que le permitiera obtener apoyo financiero de Estados Unidos, conseguir créditos para la industria petrolera y lograr la inversión de capitales foráneos en México, todas ellas metas que se lograron cumplir poco a poco.

No obstante lo anterior, hubo obstáculos que empañaron las relaciones entre ambos países. El primero tuvo que ver con los trabajadores mexicanos en Estados Unidos, pues mientras duró la Segunda Guerra Mundial éstos pudieron laborar con cierta calma, pero una vez que el conflicto llegó a su fin, fueron despedidos y repatriados. Sin embargo, en vez de regresar a sus lugares de origen, comenzaron a quedarse en las ciudades fronterizas en espera de una oportunidad para regresar, aunque fuera de manera ilegal. A pesar de que el gobierno norteamericano presionó a su similar mexicano para que tomara cartas en el asunto, éste se limitó a responder que la solución al conflicto radicaba en que los agricultores estadounidenses no contratasen ilegalmente a los mexicanos. El comentario molestó a las autoridades norteamericanas, pues dejaba entrever la falta de voluntad política del gobierno nacional para llegar a un acuerdo. Finalmente, la Guerra de Corea, iniciada en 1950, fue un factor de presión decisivo para que los norteamericanos suavizaran su postura y mostraran mayor tolerancia en el tema de los braceros.

Otro problema fue el de la fiebre aftosa, una epidemia extremadamente contagiosa que se desató en el norte del país poco después de que Alemán ocupara la presidencia. Es importante hacer la acotación de que en ese entonces, y a diferencia de la actualidad, México exportaba miles de toneladas de carne a Estados Unidos, por lo que los americanos cerraron sus fronteras a los productos pecuarios del país y comenzaron a ejercer presión para que el gobierno mexicano tomase dos medidas: sacrificar a los animales enfermos y a aquellos que hubieran estado en contacto con ellos, siendo la segunda la más drástica y, hasta cierto punto, innecesaria. A pesar de que la epidemia era controlable con el uso de vacunas, y que muchos campesinos mostraron su malestar, el gobierno mexicano cedió a las presiones y hubo de sacrificar 680 mil cabezas de ganado. A partir de entonces, México pasó de ser un país exportador de carne a uno importador.[21]

El rostro de la nación mostró grandes cambios en el sexenio alemanista. Las obras de infraestructura no sólo se quedaron en el campo, también llegaron a las urbes, como sucedió en la capital del país en donde se inició la construcción del Viaducto y de la Ciudad Universitaria que, a partir de entonces, congregaría en un mismo espacio a todas las facultades de la Universidad Nacional Autónoma de México.

De igual forma, comenzó a hacerse patente la existencia de una clase media cada vez más grande y pujante, cuya aspiración mayor era la de imitar el modo de vida norteamericano a través de la adquisición de una serie de aparatos de importación que comenzaron a llegar a México. Licuadoras, refrigeradores eléctricos, aspiradoras, sandwicheras... se transformaron en objetos de deseo para muchas amas de casa que veían en ellos no sólo un medio para facilitarse los quehaceres domésticos, sino también un símbolo de estatus y de modernidad.

En relación con el proceso electoral de 1952, hay algunos puntos que vale la pena destacar, como el de que el ejecutivo quisiera ocupar por más tiempo la silla presidencial. Era un secreto a voces que Miguel Alemán aspiraba a reelegirse o, en el peor de los casos, a prorrogar su mandato. Mientras que el grupo de amigos y funcionarios que le rodeaba se mostraba favorable, la mayor parte de las fuerzas políticas del país se oponían a ello, pues era una flagrante violación a uno de los principios máximos de la Revolución mexicana. Uno de los mayores opositores a este proyecto fue el ex presidente Lázaro Cárdenas.

La negativa de Cárdenas fue motivo suficiente para que Alemán desistiera de reelegirse, ya que estaba al tanto de la influencia que tenía el general al interior de las fuerzas armadas. Entonces optó por reinstaurar el maximato al pretender escoger como su sucesor a su primo Fernando Casas Alemán, entonces regente de la Ciudad de México. Cárdenas ya estaba muy familiarizado con este tipo de movimientos y movió el aparato político para cerrarle al Presidente este camino.

Finalmente, tuvo que brindar su apoyo a Adolfo Ruiz Cortines, secretario de Gobernación, y de quien creía que sería fácilmente mani-

---

[21] Fueron varias las voces que se levantaron para señalar que detrás del problema de la fiebre aftosa estaban los ganaderos norteamericanos que deseaban acabar con la competencia de sus similares mexicanos.

pulable. El proceso electoral de 1952 registró una gran competencia, pues el general Miguel Henríquez Guzmán fundó la Federación de Partidos del Pueblo (FPP) con el apoyo de aquellos sectores descontentos con el alemanismo (cardenistas, avilacamachistas y clases medias no identificadas con el panismo).

Al hacerse público el triunfo de Adolfo Ruiz Cortines con el 75%[22] de los votos, los henriquistas salieron a las calles para repudiar el supuesto robo que había sufrido su candidato. Entonces, Henríquez viajó a Estados Unidos para obtener el apoyo del gobierno norteamericano, pero cómo éste le fue negado, tuvo que reconocer públicamente su derrota frente al candidato oficial.

La presidencia de Adolfo Ruiz Cortines

El inicio de la administración de Adolfo Ruiz Cortines fue difícil, al tener que afrontar, como primer problema, la imagen pública que sobre los políticos, y principalmente el ejecutivo federal, había heredado de la administración alemanista. Entonces ya circulaban rumores sobre las fortunas que Miguel Alemán, su gabinete y sus amigos habían amasado, y se comenzó a gestar, en el imaginario de la sociedad, un estereotipo del político mexicano como alguien interesado en su propio bien y no en el de la comunidad.

A esta preocupación se sumaban otros dos inconvenientes que requerían también una solución inmediata: la carestía de la vida y los antagonismos al interior del partido que habían dado pie al surgimiento del henriquismo en 1951.

Para contrastar con la política llevada a cabo por Miguel Alemán, Ruiz Cortines decidió romper, simbólicamente, con el gobierno anterior y dar inicio a una etapa de austeridad y moralización cuyo paso más firme fue la modificación de la *Ley de Responsabilidades de los Funcionarios,* documento que obligaba a los funcionarios públicos a presentar su declaración patrimonial antes de iniciar su gestión para que se les pudiera investigar, sin una denuncia previa, por enriquecimiento ilícito. A pesar de que la medida se había ideado para mejorar la imagen del nuevo régimen, también ayudó a éste a controlar, a través de las auditorías, a los funcionarios públicos.

---

[22] Véase Pablo González Casanova. *Op. cit*, p. 230.

*Adolfo Ruiz Cortines llevó
a cabo una campaña de
austeridad y de
moralización para mejorar
la imagen del gobierno.*

A Ruiz Cortines también le importaba seguir trabajando para afianzar la estabilidad política que desde finales del gobierno cardenista el país había comenzado a gozar. Dicha labor demandaba que el PRI, como partido de gobierno, contara con mayor fuerza y representatividad social, de tal manera que se procedió a incorporar en sus filas a las mujeres, quienes obtuvieron el derecho a votar en este sexenio, y a la burocracia estatal, con lo cual el partido terminó de convertirse en uno de los factores de mayor peso para la estabilidad del país.

Cabe señalar que otro de los pilares del equilibrio político en México era el ya tradicional control del movimiento obrero. Aunque las organizaciones sindicales se encontraban bajo la "guía" estatal gracias a las labores de los líderes entregados al gobierno, aún había trabajadores que seguían reivindicando la lucha de clases y mantenían una actitud de confrontación frente al poder.

El movimiento obrero organizado atravesó en este sexenio por una crisis originada gracias a las constantes disputas entre los distintos líderes obreros en lo que al control del movimiento se refiere. Dicha situación favoreció el surgimiento de grupos de trabajadores autónomos y disidentes, siendo la Confederación Revolucionaria de Obreros y Campesinos (CROC), fundada en 1952, el mejor ejemplo.

La devaluación de 1954 fue otro elemento que provocó conflictos laborales que, sin embargo, pudieron resolverse gracias a la intervención de Adolfo López Mateos, entonces secretario de Trabajo, quien prometió un incremento salarial que si bien no correspondía a la pérdida del poder adquisitivo de los obreros, sí ayudó a contener sus demandas.

En el gobierno ruizcortinista, los campesinos fueron un factor de inestabilidad política. Entre 1952 y 1958 el gobierno frenó el reparto agrario[23] por falta de tierras. Los campesinos desposeídos, que vieron en esta medida cómo se les cerraba el único medio para hacerse de tierras para trabajar, montaron en cólera y dejaron de mantener la postura pasiva que habían mostrado hasta entonces, de tal suerte que comenzaron a invadir "propiedades privadas", siendo muchas de ellas latifundios disfrazados.

En Baja California, Sinaloa, Sonora y la región lagunera, miles de campesinos ocuparon tierras de particulares, mientras que en Sonora el gobierno expropió el latifundio de Cananea (medio millón de hectáreas) y dotó de ejidos a los campesinos, en otros estados de la república la policía y el ejército reprimieron a quienes lideraban estas invasiones.

Otros focos de inestabilidad en tiempos de Ruiz Cortines pueden hallarse en los movimientos magisterial y ferrocarrilero organizados por trabajadores que no estaban dispuestos a continuar más bajo las estructuras corporativas del gobierno.

Profesores de la sección IX del Sindicato Nacional de los Trabajadores de la Educación (SNTE) que habían pertenecido a la escuela socialista cardenista y a los que no agradaba la situación que atravesaba su sindicato, decidieron organizar una especie de "rebelión" bajo el mando de Othón Salazar y Encarnación Pérez Rivero. En 1956 estalló el conflicto cuando la IX Sección se negó a aprobar el magro aumento salarial que el líder del SNTE, Manuel Sánchez Vite, había aceptado del gobierno. En consecuencia, los maestros disconformes recurrieron a la huelga para obtener un mayor incremento salarial y, a la par, presionar a su líder sindical para que renunciara. La promesa, por parte del gobierno, de un mayor incremento en las percepciones de los maestros fue suficiente para que éstos regresaran a sus labores.

Dos años después, sin haber recibido el aumento prometido y teniendo el mismo líder, la IX Sección reinició sus movilizaciones, pero la

---

[23] Sólo se otorgaron 3.5 millones de hectáreas.

postura gubernamental ahora fue diferente, pues mostró mano dura al enviar a la policía y al ejército a reprimir a los disconformes y encarcelar a sus líderes. Lo interesante de esta situación es que a pesar de haber tenido lugar en el marco de una sociedad apática, la opinión pública sorprendió a las autoridades al brindar su apoyo a los profesores con tanta decisión, que el 15 de mayo de 1958, Ruiz Cortines aprovechó la celebración del día del maestro para conceder las mejoras que la IX Sección había demandado con anterioridad.

La situación de los ferrocarrileros fue, curiosamente, similar a la de los maestros. Los trabajadores del ferrocarril estaban agobiados con dos problemas: los métodos empleados por su líder Jesús Díaz de León para reprimir a la oposición, y el decrecimiento de sus salarios entre 1951 y 1957.[24] En 1958 los disconformes crearon la Gran Comisión por Aumento de Salarios en la que Demetrio Vallejo destacó como líder del movimiento. Esta Comisión se confrontó con el Comité Ejecutivo del sindicato, ya que mientras que éste pedía 200 pesos de incremento salarial, la oposición sindical exigía 350. Ruiz Cortines optó salomónicamente por otorgar un aumento de 215 pesos, lo que fue aceptado tanto por la Comisión como por el Comité.

Sin embargo, las autoridades estaban preocupadas porque la Gran Comisión comenzaba a tener más poder que el Comité Ejecutivo, con lo cual peligraba el control estatal sobre el sindicato ferrocarrilero, aún uno de los más importantes del país. Fue así como el régimen ruizcortinista inició una campaña de persecución y de encarcelamiento contra los ferrocarrileros rebeldes que llegó a su fin con la desaparición de la Gran Comisión.

Para Ruiz Cortines, uno de los problemas de fondo que originaron estas manifestaciones de descontento social fue la situación económica. Como consecuencia de un proceso inflacionario que por décadas había imperado en el país, de las devaluaciones y de los recortes en el gasto público, la mayoría de los mexicanos se había ido empobreciendo paulatinamente. En otras palabras, la economía era otra amenaza para la estabilidad política del país.

---

[24] A inicios del siglo XX los ferrocarrileros eran los obreros que obtenían las percepciones más altas; en cambio, en la década del 50 fueron los que más se vieron perjudicados por la situación económica del país.

Para dar una solución viable a este reto, el gobierno ideó una política financiera conocida como el modelo de desarrollo estabilizador, el cual se había diseñado para corregir los problemas económicos, y asentar las bases para el desarrollo futuro del país en la materia.

Como condición necesaria, había que afianzar los precios y, con ello, acabar poco a poco con la inflación. En los dos primeros años, el gobierno puso en práctica una política de control de precios y de persecución de los acaparadores de alimentos básicos; asimismo, se brindó un mayor apoyo al campo para que se incrementara la producción de maíz, frijol, trigo... y, así, el gobierno pudiera disminuir su gasto por concepto de importación de dichos alimentos.

De igual forma, se hizo un esfuerzo notable para que la substitución de importaciones dejase de ser letra muerta y se convirtiera en un pilar de la economía mexicana. Ello implicaba dejar en manos de la industria nacional esta responsabilidad, así que se tomaron algunas medidas para ayudarla. El gasto paraestatal creció, se dieron facilidades a la iniciativa privada —exenciones fiscales y políticas proteccionistas, por ejemplo—, se apoyó a la banca para incrementar su capacidad crediticia, se devaluó la moneda hasta los 12.50 pesos por dólar para restringir las importaciones e incrementar las exportaciones, y se creó el *Consejo de Fomento y Coordinación de la Producción Nacional* para que vinculara las políticas económicas estatal y privada.

Lo anterior implicaba también que, de una vez por todas, el gobierno comenzara a dar un uso más prudente y racional al gasto público, así como hacer cambios en la secretaría de Hacienda para que mejorara la recaudación fiscal. Lo anterior también llevó a un replanteamiento sobre la postura del régimen ruizcortinista frente al crédito externo, al que se comenzó a ver sólo como una fuente de financiamiento a la que se debía de recurrir en situaciones extraordinarias.

También se contemplaba el fortalecimiento del mercado financiero para que acumulara los capitales nacionales y extranjeros en el mercado de valores, y así se asegurara la estabilidad cambiaria del país. De igual forma, era importante moderar los incrementos salariales y mantener el control sobre los grupos de trabajadores para que se pudiera aumentar el poder adquisitivo de los mexicanos sin generar inflación.

Al final de este sexenio, las bondades del modelo económico se hicieron sentir en la medida en la que los niveles de vida mejoraron como consecuencia de que los precios no habían aumentado. Ésta fue, precisamente, la época del "milagro económico mexicano" que causó asombro en el mundo al demostrar que sí era posible la creación de un crecimiento económico que no generase inflación.

Con Ruiz Cortines se dio una época de buen entendimiento con el gobierno norteamericano, lo que en gran medida cimentó una postura poco crítica del gobierno mexicano con la que se esperaba poder contar con las inversiones del vecino del norte.

Más allá de ciertas fricciones que se generaron por el rechazo que manifestó el gobierno mexicano frente a la invasión estadounidense a Guatemala, y que culminó con la destitución del presidente Jacobo Arbenz en 1954,[25] fue el caso de los braceros, el problema bilateral más sonado.

Los empresarios agrícolas estadounidenses querían renovar el trata-do de 1951 por convenir a sus intereses en detrimento de los campesinos mexicanos; en cambio, las autoridades mexicanas no estaban dispues-tas a ello hasta que no se mejoraran las condiciones para los trabajado-res nacionales. Por más de un año, la situación estuvo empantanada, hasta que en 1954 el régimen estadounidense decidió contratar unila-teralmente a los braceros para presionar a su contraparte mexicana. La medida fue eficaz, pues en ese mismo año ambos gobiernos firmaron un acuerdo laboral en el que México aceptaba que su gente fuera a tra-bajar a Estados Unidos si ésta nación otorgaba seguros de desempleo, y si se creaba una comisión mixta que se encargara de investigar los pro-blemas de emigración legal e ilegal.

En el ámbito social, había un cierto descontento entre algunos sec-tores del país, principalmente en el Distrito Federal y en los núcleos urbanos más importantes del norte, donde el Partido Acción Nacional (PAN) había mostrado un avance significativo en las elecciones legisla-tivas de 1955, y comenzaba a representar una clara amenaza para el PRI respecto a las elecciones federales de 1958.

Tal vez haya sido esta situación la que motivó al ejecutivo a retar-dar la designación del candidato a la presidencia del PRI y a controlar firmemente a quienes aspiraban a sucederle en el cargo. Para Ruiz Cortines era un hecho que, a pesar de estar institucionalizado el poder,

---

[25] Lo que motivó la invasión fue el hecho de que Jacobo Arbenz llevara a cabo una política de reparto agrario en Guatemala que afectó a compañías norteamericanas tan importantes como la *United Fruit Company*.

los procesos electorales generaban críticas y peleas internas que, además de extenuar al partido, debilitaban su imagen pública.

Con fundamento en lo anterior, retrasó la designación de su sucesor hasta 1958, y una vez que se hizo pública la nominación de Adolfo López Mateos obligó, en un hecho nunca antes visto, a todos los políticos de alto rango a felicitar al hasta entonces secretario del Trabajo.

La postulación de López Mateos fue un premio a su gestión como secretario del Trabajo, ya que con sus atinadas intervenciones en los conflictos obreros, ayudó a aumentar el control estatal sobre ellos. En las elecciones de 1958, el candidato oficial no tuvo problemas para derrotar a su oponente del PAN, Manuel Gómez Morín con el 90%[26] de la votación.

La presidencia de Adolfo López Mateos

La imagen de Adolfo López Mateos como presidente de México es una de las más interesantes del siglo pasado en la medida en que supo combinar su conocimiento del sistema político mexicano con un carisma poco habitual entre la élite política.

Desde el inicio de su gestión, López Mateos dirigió sus esfuerzos al fortalecimiento del sistema político. Su experiencia como secretario del Trabajo le permitió comprender que esa meta podía obtenerse a través de la supresión de todo movimiento político y social que intentara quitarse la tutela oficial, y que la mejor forma para generar la paz social era, indiscutiblemente, mejorar el nivel de vida de los mexicanos.

Lo anterior representó un cambio significativo en la política interior pues, desde la llegada de los civiles al poder, aquella fue la primera vez que se buscó otro medio que no fuera la violencia para mantener la estabilidad del país. Por ello, se optó por mejorar el salario de los trabajadores industriales, reactivar el reparto agrario[27] y derogar los certificados de inafectabilidad en el campo.

El Presidente también estaba consciente de que las clases medias urbanas exigían una mayor apertura política. El régimen comprendió al fin que nada perdía al permitir que los partidos de oposición tuvieran una mayor participación, principalmente en la cámara de diputados,

---

[26] Véase Pablo González Casanova. *Op. cit*, p. 230.
[27] Se repartieron, a lo largo del sexenio, 16 millones de hectáreas.

Adolfo López Mateos.

siempre que el PRI no perdiera la mayoría absoluta[28] y, en consecuencia, el control de la misma. En 1963 se procedió a reformar la ley electoral con la finalidad de que los partidos que tenían registro, a la sazón el PAN, el Partido Auténtico de la Revolución Mexicana (PARM) y el Partido Popular Socialista (PPS), tuvieran más representación en la cámara de diputados.

A partir de entonces, los partidos políticos minoritarios que no hubieran ganado en sus respectivos distritos electorales, podrían contar con un máximo de 20 diputados a los que se les conoció como "diputados de partido". También se establecía que los partidos minoritarios debían de obtener el 2.5% de la votación en el ámbito federal para poder mantener su registro; es más, con dicho porcentaje se les acreditaban cinco diputaciones y, por cada 0.5%, podrían obtener otra más hasta alcanzar un total de 20.

Aquel fue también un sexenio de extensa labor legislativa con la que se procedió a reformar varios artículos constitucionales que se encontraban estrechamente vinculados con el aprovechamiento de los recursos naturales. Fue precisamente en este marco que se decidió modificar el artículo 27 para favorecer la nacionalización de la energía eléctrica en 1960 que, a diferencia de lo sucedido en tiempos de Cárdenas

---

[28] Es decir, el 50%+1 de las diputaciones federales.

con el petróleo, fue producto más de la negociación y la conciliación que del ejercicio unilateral de la soberanía nacional.

El gobierno mexicano entró en pláticas con los representantes de American Foreing Power Co. y Mexican Light and Power Co., las dos mayores empresas de generación y distribución de la energía eléctrica, para negociar la compra de ambas compañías, la cual tuvo lugar después del pago de 400 millones de dólares por parte de las autoridades del país.

Respecto a los obreros, si bien López Mateos jamás dudó en deponer a aquellos líderes de los que dudara de su fidelidad o que fueran rebeldes, también es cierto que mostró disposición para llegar a acuerdos con los trabajadores. De hecho, no puso obstáculos cuando algunos agremiados de la CTM optaron por dejar la central para conformar la Confederación Nacional de Trabajadores (CNT) y el Movimiento de Liberación Nacional, agrupaciones totalmente desligadas del gobierno y de la corrupción sindical. Más allá de la aparente tolerancia que se mostró frente a esta insurgencia, es un hecho que al régimen le convenía la existencia de tales organismos, ya que por su tamaño no podían ser considerados como amenazas contra el corporativismo y, en cambio, ayudaban a liberar la tensión y calmar los ánimos en el movimiento obrero mexicano.

Claro está que a pesar de los esfuerzos realizados en este sexenio por mantener la estabilidad del país, hubo problemas sociales que la hicieron peligrar y que, en algunos casos, fueron resueltos por la autoridad a través de la violencia.

El primer problema surgió con la creación de los libros de texto gratuitos para los niños de primaria, los cuales formaban parte importante del proyecto social del régimen lopezmateísta, pues se deseaba compensar a las familias pobres del país dotándoles de materiales educativos sin costo alguno. Esta acción, ideada por Jaime Torres Bodet, hombre de letras y notable secretario de Educación Pública, causó gran malestar en las asociaciones de padres de familia, los grupos conservadores y la Iglesia Católica, pues consideraban que además de ser una manifiesta intervención del Estado en la formación de los niños, implicaba también la imposición y difusión de un modelo educativo con el que no estaban de acuerdo porque fomentaba valores contrarios a los religiosos. A final de cuentas, el gobierno mantuvo su postura y los opositores a esta medida no tuvieron otra opción mas que ceder.

En Morelos y los estados adyacentes estalló otro conflicto que no tomó por sorpresa al gobierno. Por años, el líder agrarista Rubén Jaramillo había defendido los intereses de los campesinos, y a partir de 1962 incrementó sus actividades al promover una invasión de predios en Michoacán que terminó en un enfrentamiento cuando el ejército intervino. El gobierno federal que, hasta entonces, había tolerado a Jaramillo no estaba dispuesto a seguir haciéndolo; así, se inició una campaña contra el líder, que comenzó a ser tachado de rebelde y de comunista. Una madrugada, los militares se presentaron en casa de la familia Jaramillo y se llevaron a sus miembros a Xochicalco donde fueron ejecutados.

En Guerrero también se dieron una serie de sucesos a los que el régimen lopezmateísta respondió de manera violenta. En 1960, el profesor rural Genaro Vázquez creó el Comité Cívico Guerrerense, organización pensada para agrupar a los campesinos y ayudarles a mejorar su situación. El primer objetivo del Comité fue llevar a cabo una serie de acciones de desobediencia cívica que permitieran destituir al gobernador del estado. El 30 de diciembre de 1960, mientras en el zócalo de Chilpancingo se verificaba una manifestación organizada por el Comité, el ejército abrió fuego contra los asistentes, en donde murieron 18 personas y muchas más fueron a parar a la cárcel.

Sin embargo, la represión, como el arma de dos filos que es, se revirtió contra el gobernador, pues Vázquez movilizó a sus seguidores para que ocuparan 13 alcaldías como forma de protesta. López Mateos decidió que era momento de detener el problema y evitar que creciera más, así que, a principios de 1961, destituyó al gobernador de Guerrero. Vázquez correspondió al gesto ordenando el desalojo de los edificios ocupados y reformando a su grupo que, a partir de entonces adquiriría el nombre de Asociación Cívica Guerrerense para poder contender en las elecciones locales de 1962, con la promesa del ejecutivo nacional de que se respetaría el voto popular. Sin embargo, llegado el momento de los comicios, no le fue reconocido ningún triunfo a dicha Asociación y, tras realizar una movilización en Iguala que fue reprimida por la policía, este organismo fue declarado ilegal y se giró una orden de aprehensión contra Genaro Vázquez, quien se refugiaría en la sierra y comenzaría a organizar grupos guerrilleros.

Respecto a la economía, es importante señalar que las condiciones heredadas por el régimen anterior permitieron a López Mateos enfocar sus esfuerzos para cumplir dos metas: mantener la estabilidad monetaria y conservar la inmovilidad de los precios. Para ello, el gobierno, deseoso de controlar la producción e impulsar la actividad industrial en el país, incrementó su participación en cuatro sectores fundamentales de la economía: el petroquímico, el eléctrico, el siderúrgico y el de asistencia social.[29]

En ésta época, la industria ya era considerada como el pilar fundamental del desarrollo, el futuro de México, de tal manera que se siguió aplicando la política ruizcortinista; no así en el campo, donde existió una gran preocupación por producir solamente alimentos básicos (maíz y frijol) para continuar con la estabilidad de precios y, como se explicó anteriormente, se incrementó el reparto agrario.

En las finanzas siguió el proceso de control de la inflación, se equilibró la balanza de pagos al estimular las exportaciones y restringir las importaciones pero, en cambio, aumentó el financiamiento externo. Para finales de su sexenio, el presidente se mostraba contento y optimista gracias a que había logrado mantener la estabilidad cambiaria y de precios.

Las relaciones exteriores sufrieron una gran transformación durante este sexenio al comenzar a diversificarse. López Mateos tuvo la visión necesaria para demostrar que ya era momento de que el país ampliara sus horizontes en el ámbito internacional, por lo que inició una serie de giras presidenciales por varios países del mundo que ayudó a que México fuera conocido en el exterior. Es más, gracias a sus gestiones diplomáticas, se logró que el país fuera el organizador de los Juegos Olímpicos de 1968.

Con Estados Unidos, las relaciones diplomáticas fueron cordiales, aunque no estuvieron exentas de algunos altibajos, como el generado por el apoyo brindado por el gobierno mexicano a la revolución cubana. El triunfo del movimiento en la isla hizo temer al gobierno americano que este movimiento se expandería por el resto de Latinoamérica, de tal manera que comenzó a presionar a los regímenes del continente para que rompieran relaciones con Cuba. México fue la única nación que se negó a hacerlo gracias a la Doctrina Estrada que, como ya se explicó, se basa en el respeto a la autodeterminación de los pueblos.

Salvo el problema anterior, López Mateos tuvo la oportunidad de recibir en el país a los presidentes norteamericanos Dwigth Einsenhower,

---

[29] En este sexenio se fundó el ISSSTE (Instituto de Seguridad Social al Servicio de los Trabajadores del Estado).

en 1959, y John F. Kennedy, en 1962, sin embargo, fue éste último quien demostró su buena voluntad cuando, en 1963, inició las pláticas para devolver El Chamizal, un territorio reclamado desde tiempos de Porfirio Díaz que, siendo mexicano, fue administrado por Estados Unidos desde 1868 gracias a un cambio en el curso del río Bravo.

Tal vez la buena vecindad entre ambas naciones se debió al triunfo de la Revolución cubana. En ese marco, no sería extraño que el gobierno estadounidense deseara contar en la lucha contra la expansión del comunismo en el continente con el apoyo de un aliado como México, a pesar de la "rebeldía" mostrada por su papel preponderante en Latinoamérica.

En 1963 había dos aspirantes a la presidencia al interior del PRI: el secretario de Gobernación, Gustavo Díaz Ordaz, y el de la Presidencia, Donato Miranda Fonseca. En esta contienda, López Mateos supo confundir con maestría a la opinión pública, pues dejó entrever varias señales que parecían indicar que el segundo iba a ser su sucesor cuando bien sabía que era el primero.

La elección de Gustavo Díaz Ordaz se debió a que contaba con un carácter serio y firme y porque, además, garantizaba la continuación del modelo de desarrollo estabilizador. Tras el proceso electoral de julio de 1964, obtuvo el triunfo con el 88%[30] de la votación nacional, en contraste con el 11% del candidato panista Jorge González Torres.

La presidencia de Gustavo Díaz Ordaz

Gustavo Díaz Ordaz jamás dudó en continuar con el modelo económico y político ideado y que había heredado al asumir la presidencia de México. De igual forma, también se distanció de su antecesor al establecer, de manera muy clara, que la continuidad del orden interno sería una de sus prioridades, y que estaba dispuesto a utilizar la represión en caso de ser necesario. Pronto tuvo la posibilidad de demostrar que hablaba en serio.

En 1965 los médicos residentes e internos que trabajaban para el gobierno organizaron un movimiento de protesta cuyas demandas no eran muchas ni desmedidas, pues contemplaban incrementos en el monto de las becas, mejoras en sus habitaciones y bibliotecas y un aumento

---

[30] Véase Pablo González Casanova. *Op. cit*, p. 230.

Gustavo Díaz Ordaz.

salarial. El gobierno de Díaz Ordaz ni siquiera mostró voluntad alguna por dialogar con los médicos y, en cambio, envió a la policía para que los reprimiera mientras que los iniciadores del movimiento fueron despedidos.

Precisamente ese mismo año, Carlos Madrazo fue nombrado presidente del PRI. A diferencia de sus antecesores, él deseaba eliminar del partido a aquellos elementos cuya conducta iba en contra de los ideales de la revolución. Al respecto, Madrazo deseaba democratizar al partido para que sus miembros se involucraran más en la toma de decisiones tan importantes como la elección de candidatos del PRI a las gubernaturas, senadurías o diputaciones; sin embargo, esta idea no fue del agrado del Presidente, pues limitaba ese derecho que, sin estar en la Constitución, le permitía cubrir todos los puestos públicos de importancia con gente que fuera de su conveniencia. Por ello, y tan sólo diez meses después de haber asumido el cargo, Madrazo tuvo que renunciar a la dirigencia del PRI por órdenes de Gustavo Díaz Ordaz.

Frente a un régimen que hizo de la represión un medio sistemático era de esperarse que se recurriera a diferentes formas para combatirla.

La primera respuesta fue el surgimiento de la guerrilla en México. Cuando Gustavo Díaz Ordaz asumió la presidencia, Genaro Vázquez se pudo levantar en armas en la Costa Grande de Guerrero gracias al apoyo que recibía de los campesinos de la entidad. En 1967 se unió al movimiento el también maestro de primaria Lucio Cabañas, con lo que la guerrilla guerrerense adquirió una mayor fuerza.

De igual forma, también surgió otro grupo guerrillero, en Chihuahua, que intentó tomar el cuartel de Ciudad Madero el 23 de septiembre de 1967, tal cómo lo había intentado hacer Fidel Castro y los suyos en la Moncada 14 años atrás y, aunque el asalto fracasó, permitió que con el tiempo apareciese la Guerrilla 23 de Septiembre, que adquiriría fama en la década de los 70.

La otra respuesta contra la represión gubernamental se dio en el seno de la juventud mexicana, especialmente en la comunidad de estudiantes, y terminó por concretarse en el movimiento estudiantil de 1968, todo un parte aguas en la historia nacional.

Es un tanto difícil determinar todas las causas que dieron origen a este movimiento; sin embargo, son cuatro las consideradas más importantes. En principio, queda clara la incapacidad del sistema político por representar e incorporar en sus filas a los jóvenes, no así para intentar controlarlos de manera violenta, quienes, a su vez, criticaban una falta de nacionalismo de los últimos regímenes que se había cristalizado en el acercamiento del gobierno con Estados Unidos y el distanciamiento de la UNAM. Para los jóvenes provenientes de las clases medias y bajas, quedaba claro el hecho de que el gobierno de Díaz Ordaz llevaba a cabo una serie de políticas destinadas a apoyar a los grupos más privilegiados.

En realidad, la relación entre la autoridad y los alumnos de educación media y superior no fue buena en este sexenio pero, a diferencia de otras ocasiones, los ánimos estaban tan exaltados que cualquier nimiedad o mal entendido podía hacerlos estallar.

Lo anterior sucedió cuando, a mediados de 1968, la policía invadió y ocupó las instalaciones de las escuelas vocacionales 2 y 5 del Instituto Politécnico Nacional (IPN), y reprimió a sus alumnos tomando como pretexto el enfrentamiento que éstos habían sostenido con los escolares de la preparatoria particular Isaac Ochotorena.

Tras esta agresión, el Instituto Politécnico Nacional, a través de la Federación Nacional de Estudiantes Técnicos (FNET), convocó a una manifestación en favor de los alumnos reprimidos, a celebrarse el 26 de julio, misma que fue disuelta por la policía de manera violenta al llegar al zócalo capitalino. Un día más tarde, los estudiantes ocuparon las preparatorias 1, 2 y 3 de la UNAM como muestra fehaciente de protesta contra los cuerpos policíacos, sin embargo, fueron desalojados por el ejército, que no escatimó recursos[31] para apoderarse de dichos planteles y de una vocacional del IPN, dejando un saldo de más de 400 lesionados y un millar de detenidos.

Frente a este acto que violaba la autonomía e integridad de la UNAM, su rector, Javier Barros Sierra, declaró el 30 de julio día de luto en la máxima casa de estudios, pero aseguró que quienes trabajaban en ella no se dejarían atemorizar por nadie. Esta declaración fue un detonante para la comunidad educativa, pues escuelas de la UNAM y del IPN, así como universidades particulares y públicas de la Ciudad de México y del interior, se declararon en huelga.

Con la entrada de la UNAM, el liderazgo del movimiento cambió de manos, pues pasó de la FNET al recién creado Comité Nacional de Huelga (CNH). Así, el 4 de agosto, el CNH organizó una manifestación que culminó en el zócalo de la capital del país. Ahí, y a nombre de los estudiantes de México, se quiso presentar a las autoridades un pliego petitorio en el que se exigía: libertad para los presos políticos, la destitución del jefe y subjefe de la policía y del jefe de granaderos; la extinción del cuerpo de granaderos, la derogación del delito de disolución social, la indemnización de los familiares de los muertos y heridos desde el 26 de julio, y el deslindamiento de responsabilidades por parte de las autoridades causantes de la represión ejercida contra los estudiantes.

Aunque el gobierno recibió el pliego, se negó a aceptar su contenido pues, entre otros tantos alegatos, rechazaba la existencia de presos políticos en cualquier cárcel del país, postura que motivó a los estudiantes a congregar, tres semanas más tarde, a 400 mil personas frente al Palacio Nacional con la amenaza de continuar con el plantón hasta el día del informe presidencial[32] de no ser cumplidas sus exigencias; a pesar de lo anterior, en la madrugada del 28 los paristas fueron desalojados por la policía.

El 13 de septiembre, el CNH organizó la famosa "marcha del silencio" en la que 250 mil asistentes marcharon al zócalo en el más de los mutismos, y aunque los líderes del Comité hicieron patente a las autoridades su disposición para dialogar, éstas respondieron con gases y golpes; semejante respuesta sólo exacerbó más los ánimos estudiantiles y

---

[31] Fue famoso el "bazucaso" con el que el ejército voló, literalmente, las puertas virreinales de la preparatoria 1, ubicada en el antiguo Colegio de San Ildefonso.
[32] Entonces el día 2 de septiembre.

polarizó las posturas al interior del movimiento entre un grupo, cada vez más pequeño, que apoyaba la vía del diálogo, y una mayoría que estaba dispuesta a recurrir a la violencia para obtener resultados.

El 2 de octubre, el CNH convocó a una concentración en la Plaza de las Tres Culturas, en Tlatelolco, a la que se calcula que asistieron 15 mil estudiantes. La reunión transcurrió sin incidente alguno, pero no fue hasta que concluyó, cuando los asistentes se disponían a abandonar el sitio, que el perímetro de la misma se encontraba ocupado por el ejército. A continuación, militares, policías y miembros de una agrupación paramilitar llamada "Escuadrón Olimpia", comenzaron a disparar contra los jóvenes desde la plaza y los edificios aledaños. Las cifras extraoficiales dan cuenta de que esa tarde murieron un gran número de personas, mientras que de los heridos y aprehendidos sólo se sabe que fueron miles, pero sin precisar alguna cifra.

Aunque no se ha sabido si este acto que cimbró a la sociedad mexicana fue ordenado por el presidente Díaz Ordaz o por su secretario de Gobernación, Luis Echeverría, lo cierto es que fue el primero quien se responsabilizó por lo sucedido el 2 de octubre. En su quinto informe de gobierno justificó la acción alegando que: "No faltaron quienes, confundidos por los incidentes [estudiantiles], creyeron que nos hallábamos en profunda crisis [...] Hablar de reformas y cambios de las estructuras se convirtió en tópico de tópicos. No estamos en una encrucijada. Seguimos nuestro propio camino y estamos construyendo un modelo también propio para nuestro futuro, apegado a nuestras raíces, fiel a nuestro modo de ser",[33] más adelante añadió: "Por mi parte, asumo íntegramente la responsabilidad personal, ética, social, jurídica, política e histórica por las decisiones del gobierno en relación con los sucesos del año pasado."[34]

Si bien el 2 de octubre no significó el final inminente del movimiento, sí lo debilitó a tal grado que el CNH decidió levantar la huelga el 4 de diciembre.

En materia agraria, Díaz Ordaz reanudó el reparto de tierras para calmar el malestar en el campo, de tal manera que logró superar hasta al propio Cárdenas al repartir 24 millones de hectáreas. La medida se

---

[33] Gloria M. Delgado. *Historia de México 2. Estado moderno y crisis en México en el siglo XX*, México, Alhambra, p. 263.
[34] *Ibid*, p. 264.

vio complementada con la intensificación en la construcción de obras de riego en las tierras repartidas, gracias a la elaboración del *Plan Nacional de Pequeña Irrigación* y la fundación del Banco Nacional Agropecuario.

A lo largo del presente sexenio, el Estado incrementó su ya fuerte presencia en la economía nacional a través de la creación de más empresas en varios sectores, como el agropecuario, el pesquero, el forestal, el industrial, el de transportes, el de bienestar social y el comercial. Como es de esperarse, lo anterior demandó, por parte del gobierno, un incremento del gasto público destinado a la construcción de una infraestructura más amplia en las áreas antes mencionadas. Tal situación repercutió en las finanzas públicas, pues hubo que realizar varias reformas para que la recaudación fiscal del gobierno aumentara, pero al ser insuficiente esta medida, no hubo otra opción que recurrir al endeudamiento externo, con lo que se rompía una de las normas básicas del modelo de desarrollo estabilizador.

El gobierno también promovió la inversión privada en la industria nacional y, para ello, dio incentivos, como la congelación parcial de los sueldos de los obreros para apoyar a los industriales nacionales y extranjeros. Curiosamente, éste fue el gobierno en el que aparecieron las empresas maquiladoras que hoy a tantos obreros emplean, y a las que se les concibió como el complemento del desarrollo fabril nacional.

A finales de la década de los 60, México seguía siendo un modelo de desarrollo industrial a seguir en Latinoamérica, a pesar de que ya eran evidentes los problemas generados por el modelo de desarrollo estabilizador en la materia, pues eran pocas las empresas con un alto rendimiento, y las que lo tenían eran, en su mayoría, propiedad de extranjeros. En otros términos, resultó que no bastó con industrializar al país, pues este proceso se debió de dar de manera planeada y equilibrada para impedir la acumulación de los grandes capitales industriales en pocas manos.

En el año de 1967, las finanzas públicas comenzaban a colapsarse como resultado del incremento de las importaciones y el decremento de las exportaciones. Las razones que originaron este fenómeno son diversas. En principio, la necesidad de incrementar la infraestructura industrial, así como el aumento en las obras públicas, obligó al gobierno a comprar maquinaria fuera del país. Por otro lado, México sólo exportaba productos agropecuarios, además del petróleo que aún no registraba altos niveles en sus precios, y con la crisis mundial de 1968, sus costos disminuyeron considerablemente, de tal forma que los ingresos del gobierno sufrieron la misma suerte, por lo que el camino que siguió éste para afrontar, aunque fuera de manera temporal, el problema, fue el del endeudamiento con otros países, como Estados Unidos, o con organismos internacionales de la talla del Banco Mundial. Al final del sexenio de Díaz Ordaz, el país tenía una deuda externa superior a los 4,000 millones de dólares.

Las relaciones exteriores a lo largo de estos seis años estuvieron vinculadas estrechamente con la economía al tener como eje la idea de que fueran la plataforma para incrementar las exportaciones nacionales en el continente, particularmente en Centroamérica que, hasta entonces, había sido un mercado virgen para los productos mexicanos.

También se procuró trabajar para que México tuviera un papel protagónico en la diplomacia continental, de ahí que se mostrara un gran interés por participar en la firma de acuerdos en beneficio de los países en vías de desarrollo, tal como sucedió en 1967 con la firma del *Tratado de Tlatelolco*, en el que 21 naciones iberoamericanas acordaron dar un uso pacífico a la energía nuclear, comprometiéndose a no fabricar, poseer ni utilizar armas nucleares.

Respecto a Estados Unidos, el gobierno mostró una actitud de franca amistad y colaboración que favoreció la firma de una serie de acuerdos bilaterales para sanear las aguas del río Colorado, pues estaban muy contaminadas, y cuando llegaban a México perjudicaban a los campesinos; también para la devolución de El Chamizal, para establecer derechos recíprocos de pesca, y para crear una comisión binacional encargada de dirimir todas las disputas originadas por los cambios de cauce del río Bravo.

A pesar de lo anterior, también hubo roces como consecuencia de la postura tomada por el gobierno mexicano frente a la política exterior norteamericana. Cuando en 1965 Estados Unidos intervino en República Dominicana, México reprobó tajantemente la acción, frente a lo cual, el gobierno del país vecino, bajo el pretexto de disminuir el tráfico de drogas por la frontera, inició una campaña de revisión minuciosa a las personas que iban de México a Estados Unidos. En realidad, con esta política se pretendía entorpecer la entrada del turismo americano a nuestra nación y presionar así al gobierno para que no fuese tan rebelde. Aunque esta operación causó un daño económico al país, también ejerció presión en el gobierno nacional para que emprendiese una campaña, por cierto muy exitosa, en la lucha contra el narcotráfico.

Aún estaba muy reciente el conflicto estudiantil, cuando llegó el momento en que el Presidente decidiera quién iba a ser su sucesor. Aunque mucho se especuló al respecto, y varios nombres se manejaron, al final la designación favoreció al secretario de Gobernación, Luis Echeverría Álvarez, a quien se le vinculaba, como se explicó anteriormente, con lo sucedido en 1968, de ahí que fuera mal visto por algunos sectores del partido y de la sociedad.

Echeverría era consciente de que si bien este sentir no le impediría ocupar la silla presidencial, sí podría ser un severo problema una vez que estuviera en ella; por ello, decidió cambiar su imagen frente a los votantes para demostrarles que no daría continuidad al régimen represivo y que buscaría establecer un verdadero cambio político al que llamó "la apertura democrática".

Su campaña electoral fue de dimensiones colosales, pues no sólo abarcó casi la totalidad del territorio nacional, también fue el escenario de una serie de discursos improvisados en los que abordó una gran cantidad de temas y, cuando le fue posible, vertió críticas severas contra el régimen, particularmente contra el Presidente, en un hecho sin precedentes. Se cuenta que hubo un momento en el que Díaz Ordaz confesó entre sus amistades que estaba arrepentido de haber escogido a Echeverría como su sucesor y que estaba considerando quitarle la candidatura, amenaza que, por supuesto, no cumplió. Tras las elecciones de julio de 1970, Luis Echeverría Álvarez obtuvo el 85%[35] de la votación nacional contra un 14% del candidato panista Efraín González Morfín.

---

[35] Véase Pablo González Casanova. *Op. cit*, p. 230.

5

EL FIN DEL ESTADO REVOLUCIONARIO Y LA TRANSICIÓN POLÍTICA

(1970-2006)

La presidencia de Luis Echeverría Álvarez

Luis Echeverría deseaba hacer cambios estructurales importantes en la economía y la política mexicanas para corregir el rumbo que el país había tomado.

La estabilidad política de la que tanto habían alardeado los regímenes políticos anteriores había comenzado a tambalearse, como lo demostró el movimiento estudiantil de 1968. En ese sentido, el temor del Presidente era que las muestras de descontento social se extendieran durante su sexenio; por ello, procuró buscar apuntalar la estabilidad política sin recurrir —en la medida de lo posible— al autoritarismo.

En junio de 1971 creó la Comisión Nacional Tripartita que representaba a empresarios, dirigentes obreros y miembros del gobierno, para conciliar los intereses de industriales y obreros en conformidad a los proyectos gubernamentales.

Como la inflación y la crisis económica habían deteriorado el poder adquisitivo obrero, se llevó a cabo una política encaminada a mejorar los salarios y prestaciones de este grupo, a través de organismos como Conasuper, Infonavit, Fovissste, para paliar su descontento. Sin embargo, para entonces la crisis económica había favorecido la propagación de agrupaciones sindicales autónomas que, en principio, intentaron ser cooptadas por el gobierno pero, al fracasar esta política, se procedió a su represión violenta y metódica.

Este también fue el inicio de la época de las grandes movilizaciones campesinas en el país. Los agricultores habían sido uno de los sectores más golpeados por las fallas de la economía nacional por lo que, al inicio de la década de los setenta, comenzaron a reclamar las mejoras a través de una serie de propuestas que incluyeron levantamientos en contra de los caciques y de las imposiciones gubernamentales, el surgimiento de agrupaciones independientes y el incremento en las demandas de asignación de tierras. La respuesta del gobierno fue la creación

Luis Echeverría Álvarez.

del Congreso Permanente Agrario (CONPA) para corporativizar a los campesinos, además de que se repartieron algunas tierras en el norte del país.

Durante su campaña presidencial, Echeverría prometió que promovería la "apertura democrática". En 1973 esta promesa se concretó con la *Nueva Ley Federal Electoral* para colmar, aunque fuera parcialmente, algunas de las aspiraciones democráticas de la sociedad, para dar cabida a los grupos disidentes que quisieran participar en la lucha electoral y, también, permitir hacer un poco más transparentes los futuros procesos electorales. Esta medida se vio reforzada con la creación y el registro de más partidos políticos, la mayoría de ellos de filiación socialista.

Si bien estos intentos aperturistas fueron loables, cierto es que no ayudaron a erradicar las prácticas autoritarias y represivas del gobierno, tal como lo demostraron los hechos del 10 de junio de 1971 en la Ciudad de México, cuando un grupo paramilitar atacó a una manifestación estudiantil que se estaba llevando a cabo en la Avenida de los Insurgentes. Las acciones para esclarecer este atentado contra la libertad de expresión apenas se están llevando a cabo, más de 30 años después de ocurridos los hechos.

Una herencia poco grata que recibió Echeverría al asumir la presidencia fue la de la guerrilla. En esta época, el movimiento guerrillero se había afianzado tanto en las grandes ciudades como en el campo. Nombres como El Partido de los Pobres o La Liga 23 de Septiembre comenzaron a adquirir renombre gracias a acciones tan espectaculares como los secuestros de industriales, del cónsul estadounidense en Guadalajara en 1973 y del candidato a la gubernatura del estado de Guerrero un año más tarde. Sin embargo, gracias a la acción del ejército que encarceló a la mayoría de los líderes rebeldes, a fines del sexenio echeverrista los movimientos guerrilleros en México agonizaban.

Desde tiempos del presidente Miguel Alemán, los vínculos entre el gobierno y los empresarios habían sido sólidos y cordiales, pues ambos consideraban que esta era la mejor forma de generar beneficios para ambos. Sin embargo, esta situación se vio alterada en el gobierno de Echeverría.

Por el tinte populista de su gestión, el Presidente acostumbraba pronunciar discursos incendiarios en los que criticaba al grupo empresarial para granjearse el apoyo de los obreros; además, rompió esa regla de oro que consistía en consultar con este sector los proyectos de reforma económica antes de aplicarlos. Aquí se encuentran los orígenes de la ruptura en la relación entre los empresarios y Echeverría que tuvo como una de sus tantas consecuencias la creación del Consejo Coordinador Empresarial, organismo autónomo de la tutela estatal, en 1975.

En materia económica, el Modelo de Desarrollo Estabilizador había dado de sí para 1970 y sus efectos negativos como el reparto injusto de la riqueza, el desempleo y el estancamiento del mercado interno, eran una realidad irrefutable. Frente a este panorama, el gobierno propuso un nuevo modelo económico conocido como el Modelo de Desarrollo Compartido que debía dar solución a las complicaciones antes citadas, promover la modernización industrial y agraria de México y reducir la deuda externa.

Sin embargo, el Modelo de Desarrollo Estabilizador fracasó por motivos estructurales. Era imposible modernizar el campo y la industria cuando, en el primero, se hizo patente la imposibilidad de generar los alimentos necesarios para alimentar al país y hubo que importarlos, mientras que en el segundo, pocas industrias —las más productivas claro está— acaparaban más de tres cuartas partes del capital. Otro problema fue el del gasto público ya que éste aumentó mucho más que los ingresos estatales, generando así un déficit que fue cubierto a través de una serie de empréstitos internacionales que, además de incrementar la deuda externa, generaban fuertes presiones inflacionarias y la salida constante de capitales.

La economía mexicana reventó en septiembre de 1976 cuando el peso se devaluó casi un 100% en su paridad con el dólar norteamericano, situación que propició aún más la fuga de divisas y la necesidad de recurrir al Fondo Monetario Internacional para que ayudara a afrontar el aprieto. Fue así como inició una etapa de constante crisis económica en México.

La política exterior echeverrista fue una de las más polémicas en la historia nacional pues se caracterizó por un acercamiento a los países con regímenes socialistas, como los casos de Chile y China, y un ligero distanciamiento, muy notorio, con Estados Unidos. También hubo momentos de bastante polémica cuando, en la Organización de las Naciones Unidas, México apoyó la propuesta del bloque árabe de declarar al sionismo como una forma de racismo al proponer a este organismo la suspensión de los derechos del gobierno español por el fusilamiento de terroristas vascos o el romper todo vínculo con España por este motivo. Tales hechos permitieron a algunos afirmar que dichos excesos de Echeverría en política exterior se debían a que deseaba ser nombrado Secretario General de la ONU o, al menos, Premio Nobel de la Paz.

1975 era un año preelectoral, lo cual implicaba que el Presidente debía escoger a su sucesor. Como era costumbre, la lista de candidatos era amplia y sonaban nombres tan importantes como los de Porfirio Muñoz Ledo, secretario del Trabajo, Mario Moya Palencia, secretario de Gobernación y José López Portillo, secretario de Hacienda, entre otros tantos más. Para evitarse problemas, Echeverría dejó que la CTM, en voz de su líder Fidel Velázquez, hiciera pública la candidatura de López Portillo, quien no tuvo problemas para imponerse en las urnas pues los partidos de oposición (salvo el Popular Socialista y el Auténtico de la Revolución Mexicana), que apoyaron la candidatura oficialista, decidieron no participar en el proceso electoral como queja por la falta de democracia en el país.

La presidencia de José López Portillo

José López Portillo inició su mandato bajo un ambiente enrarecido por lo cambios y excesos cometidos en la administración anterior. Curiosamente, este contexto fue favorable para el nuevo Presidente, quien era

José López Portillo.

visto por varios sectores de la sociedad como una especie de salvador de la patria.

La primera medida que tomó fue la de conciliar al gobierno con los empresarios, quienes eran indispensables para sacar al país a flote en materia económica. Como muestra de buena voluntad, propuso una alianza entre los dos sectores, alianza que proponía el control del gasto público, una serie de exenciones fiscales, la reducción a los impuestos de exportación y el incremento del precio de los productos básicos. A partir de entonces, los vínculos entre gobierno y patrones quedaron reestablecidos.

Claro está que al apoyar a los patrones, los obreros no obtuvieron los beneficios esperados, más aún cuando el gobierno comenzó a poner en práctica una política de restricción salarial que quiso compensar con el fortalecimiento de las instituciones de carácter popular, creadas en el sexenio anterior (Fonacot, Fovissste...), y cambios al artículo 127 constitucional[36]. La molestia obrera no se hizo esperar y, a lo largo de esta presidencia, estallaron movimientos insurgentes al interior del sindicalismo oficial para presionar —inútilmente— al gobierno para que flexibilizara su política salarial.

---

[36] Se obligó a las empresas a que capacitasen a sus trabajadores.

Era un hecho que en materia política existía cierto descontento, tal como lo habían demostrado los partidos de oposición en 1976 al no presentar candidaturas. Por ello, a finales de 1977 se publicó la *Ley Federal de Organizaciones Políticas y Procesos Electorales*, cuya finalidad era la de beneficiar a los partidos de oposición al darles ciertas preeminencias, como la institución de los subsidios para los gastos de campaña y la creación de la figura de los diputados plurinominales o de representación, sin que ello afectara la mayoría absoluta que el PRI ejercía en el Congreso.

Un esfuerzo loable de la administración lopezportillista para favorecer el desarrollo del país fue la creación del *Plan Global de Desarrollo*, diseñado para vincular entre sí los aspectos económicos, sociales y políticos y coordinar el trabajo entre los sectores público y privado. A pesar de su importancia, el Plan no tuvo éxito por su complejidad inherente y por el considerable aumento del aparato burocrático para su ejecución.

En el campo, si bien continuó habiendo descontento y las demandas por más tierra no cesaron, el gobierno trabajó a favor de la autosuficiencia alimentaria, tan necesaria para garantizar la autonomía del país así como para disminuir los gastos estatales en el rubro de importación de alimentos. En 1980 surgió el programa *Sistema Alimentario Mexicano* (SAM) con el que se deseaba obtener la autosuficiencia en la producción del maíz, frijol, arroz y trigo a través de la creación de más sistemas de riego, la ampliación de créditos agrícolas y la dotación de subsidios a las semillas y los fertilizantes. Sin embargo, conforme la situación económica del país empeoró, como se explicará más adelante, el gobierno careció de los recursos para apoyar al agro y hubo de recurrir, otra vez, a las importaciones.

En el marco de una economía estancada, como era la mexicana al inicio de la administración de López Portillo, las autoridades del país consideraron, inicialmente, que una salida viable era la de favorecer el consumo interno y, para ello, el petróleo tenía un papel fundamental.

El hallazgo de nuevos pozos petroleros así como el financiamiento dado por el FMI, fueron factores que propiciaron que en pocos años México se convirtiera en uno de los mayores productores internacionales del "oro negro". Conforme la producción y los costos de hidrocarburo se fueron incrementando, el gobierno mexicano aumentó su gasto público para reactivar la economía.

Sin embargo, la falta de previsión imperó y los precios del crudo comenzaron a disminuir en 1981, época en la que la economía mexicana dependía en más del 66% de los ingresos petroleros. La confianza de los inversionistas extranjeros en México, su economía y su moneda, se perdió, los préstamos dejaron de llegar y el peso comenzó a devaluarse considerablemente. Como el gobierno necesitaba divisas para pagar las deudas contraídas, decretó en febrero de 1982 la congelación de las cuentas en dólares en los bancos mexicanos, medida que antecedió a la nacionalización de la banca en septiembre del mismo año.

El crudo también ayudó a las relaciones exteriores en tiempos de López Portillo. Estados Unidos buscó mejorar sus nexos con México para así poder disponer más fácilmente de su petróleo. Este contexto permitió a México posicionarse como una potencia diplomática en Latinoamérica, pues no sólo comenzó a abastecer de petróleo y de créditos cómodos a Centroamérica y el Caribe, también intercedió ante Estados Unidos para que no invadieran Nicaragua tras el triunfo de los sandinistas encabezados por Daniel Ortega.

A finales de 1981 se hizo oficial que Miguel de la Madrid Hurtado, secretario de Programación y Presupuesto, era el candidato del PRI a la presidencia, mientras que el PAN postulaba a Pablo Emilio Madero y el Partido Revolucionario de los Trabajadores a Rosario Ibarra. Los resultados sorprendieron a muchos ya que si bien triunfó el candidato oficial, el de la oposición, encabezada por los partidos Acción Nacional y Revolucionario de los Trabajadores, había ganado más terreno.

La presidencia de Miguel de la Madrid Hurtado

El 1° de diciembre de 1982 Miguel de la Madrid asumía la presidencia de un país hundido en una severa crisis económica y con severos escándalos de corrupción de funcionarios públicos, problemas ambos inherentes al gobierno de López Portillo.

Inicialmente, de la Madrid quiso calmar el descontento de la población con varias medidas. En principio, llevó a cabo una campaña que, bajo el nombre de "Reforma Moral", estaba encaminada a combatir la corrupción en la administración pública a través de la obligación anual de presentar la declaración patrimonial y la prohibición de recibir regalos costosos así como de contratar a familiares cercanos. Para reforzar esta política se procedió a encarcelar a dos personajes importantes

Miguel de la Madrid Hurtado.

de la administración quienes, se aseguraba, habían tenido problemas con de la Madrid años atrás: Jorge Díaz Serrano, antiguo director de PEMEX y Arturo Durazo, antiguo jefe de la policía.

Como sus antecesores, y por las mismas razones, de la Madrid llevó a cabo una reforma electoral en 1986 que, entre otras tantas modificaciones que realizó, amplió la cámara de diputados a 500 representantes (300 uninominales y 200 plurinominales), prohibió que un partido pudiera tener más del 70% de las curules y creó el Tribunal de lo Contencioso para que dirimiera las disputas en la materia.

De la Madrid mostró un genuino interés por fomentar el federalismo a través del fortalecimiento del respeto a los municipios, a quienes se les otorgaron más libertades en materia administrativa. De igual forma, a los gobiernos locales se les transfirió el control de las empresas estatales y se les concedió mayor autonomía para aplicar los programas federales en su interior. Cierto es que el programa era —y por mucho— prometedor, y generó muchas expectativas; sin embargo, la existencia de un gran aparato burocrático centralizado y de intereses políticos en la capital de la República, impidieron que pudiera llevarse a cabo tal como se había planeado.

En materia social, la espiral inflacionaria y las constantes devaluaciones habían empobrecido considerablemente a los mexicanos y, en particular, a los trabajadores quienes, de muy diversas formas, mostraron su malestar. En el desfile del Día del Trabajo de 1984 el Presidente sufrió un atentado del que salió ileso. Las huelgas se incrementaron, tal como lo demuestran las de Refrescos Pascual (1983), Telmex (1984), Siderúrgica las Truchas (1985) la Comisión Federal de Electricidad (1986) y el sindicalismo no oficial, siempre combativo, creció en número y continuó con sus demandas de más empleos, más control de precios y el respeto a los contratos colectivos.

Los campesinos también habían sido golpeados por la crisis económica y, al igual que los obreros, se encargaron de demostrárselo al gobierno. En Chiapas, Guanajuato, México, Oaxaca, Sinaloa y Veracruz los campesinos abandonaron sus ejidos para ocupar predios particulares y manifestarse en contra del alza de los precios, la caída en el monto de los subsidios y la falta de préstamos en el campo. El gobierno recurrió a la violencia para acallar estas voces en el agro.

Las clases media y alta también mostraron su malestar, sólo que lo hicieron a través de los partidos políticos. El sexenio delamadridista fue testigo tanto del surgimiento del neopanismo (movimiento encabezado por Manuel J. Clouthier, o "Maquío", que tenía una visión más fresca y práctica de la labor política que debía llevar a cabo el PAN), como de una de las escisiones más duras al interior del PRI: la salida, en 1987, de Cuauhtémoc Cárdenas —hijo del general y Presidente de México, Lázaro Cárdenas—, de Porfirio Muñoz Ledo y de otros miembros del partido que, ante la imposibilidad de poderlo democratizar, optaron por abandonarlo.

Durante este sexenio la economía mexicana no logró levantar cabeza, tanto por cuestiones internas como externas. De la Madrid se acercó a los antiguos banqueros al reprivatizar el 34% de los capitales de los bancos nacionalizados, pagar las indemnizaciones correspondientes y otorgar las casas de bolsa como un medio para compensarlos. También renegoció la deuda externa para impedir la descapitalización del país; dio apoyos —si bien magros— al campo, para reactivar el programa de autosuficiencia alimentaria y a la industria, para favorecer su modernización; asimismo se negoció el acceso de México al Acuerdo General de Tarifas y Aranceles (GATT) —conseguido en 1985— con lo que se logró que México abandonara el modelo de sustitución de importaciones y comenzara a incorporarse al proceso de globalización económica.

A pesar de lo anterior, la moneda continuaba devaluándose en medio de un proceso inflacionario galopante y, a ello, habría que sumar los gastos generados por el pago de la deuda externa, el sismo de 1985, el déficit financiero y la drástica caída del precio del barril de petróleo[37].

En medio de esta situación caótica, lo único que parecía funcionar era la Bolsa Mexicana de Valores que, entre 1983 y 1987, registró un crecimiento constante que, por desgracia, no se debió a un proceso natural sino a la intervención del gobierno, que encontró en la Bolsa un medio idóneo para poner en el mercado parte de su deuda. Como era de esperarse, esta situación no pudo mantenerse así por mucho tiempo y, en octubre de 1987, la Bolsa Mexicana de Valores literalmente quebró, llevando a la ruina a miles de familias que habían invertido en ella su patrimonio.

A raíz de este acontecimiento, la débil economía mexicana se desplomó al registrar un aumento en los precios de hasta un 50% y una salida nunca antes vista de capitales extranjeros. La respuesta del gobierno fue la creación del *Pacto de Solidaridad Económica* que contemplaba el aumento inmediato de los salarios mínimos, de los impuestos, del costo de los servicios y productos ofrecidos por el Estado (gasolina, agua, gas…), la disminución del gasto público y la devaluación paulatina del peso. En realidad este Pacto tenía un fin electoral pues se deseaban mejorar las condiciones económicas para facilitar el triunfo del candidato del PRI en las elecciones presidenciales de 1988.

La política exterior mexicana con Miguel de la Madrid representó un papel importante en la pacificación de Centroamérica[38]. A través del Grupo Contadora, encabezado por Colombia, México, Panamá y Venezuela, se instó a las naciones de la región a que se desarmaran para poder iniciar las pláticas de paz. En 1984 se promovieron —en la ciudad de Manzanillo— las negociaciones entre Estados Unidos y Nicaragua para que cesaran las hostilidades del primero contra el segundo. En cambio, los vínculos entre México y su vecino del norte se enfriaron por varias razones. En principio, la postura mantenida por México respecto a Centroamérica incomodaba bastante a Estados Unidos; de igual forma, la postura intervencionista y poco prudente del embajador norteamericano en poco ayudó a la buena vecindad. Sin embargo, fue la muerte en México de un agente de la *Drug Enforcement Agency* (DEA)

---

[37] Que pasó de los 24 dólares por barril en 1982 a los 11.84 en 1986.
[38] Nicaragua mantenía una guerra civil y parecía que iba a entrar en guerra contra Honduras.

la que más tensión generó ya que involucró a las autoridades gubernamentales con este problema.

Las elecciones presidenciales de 1988 fueron por demás interesantes, gracias a la situación por la que atravesaban los partidos políticos.
La designación de Carlos Salinas de Gortari, secretario de Programación y Presupuesto, favoreció la salida de Cárdenas del PRI, quien consiguió que cuatro partidos lo postularan como su candidato. Por el otro
lado el PAN, a través de la figura de Clouthier, se había fortalecido y,
por primera vez en su historia, contendía seriamente por la presidencia.

El 6 de julio se celebraron las elecciones presidenciales, las primeras que contaron con una red electrónica de cómputo de votos. La jornada se desarrolló en medio de irregularidades, acusaciones y violaciones
a la legislación electoral; sin embargo, lo más extraño sucedió esa noche, cuando el sistema "se cayó". Curiosamente, antes de ese hecho el
candidato del PRI ocupaba la segunda posición, pero cuando el sistema
se restableció, ya se encontraba a la cabeza de la votación.

A pesar del fraude electoral y de las quejas presentadas por lo otros
candidatos, Carlos Salinas de Gortari obtuvo el triunfo al otorgársele el
50.36%[39] de los votos, el porcentaje más bajo obtenido por un candidato
revolucionario.

La presidencia de Carlos Salinas de Gortari

Cuando Carlos Salinas de Gortari asumió el Ejecutivo Nacional tuvo
que enfrentar el hecho de que, más allá de lo que indicaran las actas
electorales, existía un sentimiento generalizado de que no había triunfado en las urnas. Dicho problema marcaría la política interna durante
este sexenio.

A partir de 1990 se llevaron a cabo una serie de reformas electorales —producto del diálogo entre el gobierno y los partidos— que esta-
blecían, entre otras propuestas, que la Secretaría de Gobernación ya no
intervendría en el proceso electoral para que fuese el Instituto Federal
Electoral, ahora ya una entidad autónoma, el encargado de supervisar
las elecciones; también se aumentaron las facultades de la Asamblea de
Representantes del Distrito Federal para que fungiera como un cuerpo
legislativo de la capital. Se estableció que, a partir de 1997, serían los

---

[39] Iñigo Fernández. *Historia de México*, México, Pearson Educación, 1999, p. 323.

Carlos Salinas de Gortari.

ciudadanos del Distrito Federal y no el Presidente, los encargados de escoger al Regente de la ciudad y, por primera vez en la historia, se aceptó la participación de observadores internacionales en los procesos electorales. También se buscó paliar el descontento obrero y atraer la insurgencia sindical hacia el gobierno a través de la creación de un nuevo sindicalismo. El proyecto se refería a la necesidad de dar mayor autonomía a los sindicatos oficiales y de mejorar sus condiciones de trabajo y de vida.

En realidad subyacía la idea de incrementar el control estatal sobre ellos y disminuir su fuerza política para que no se resistieran a su inclusión en el proyecto neoliberal. Cabe señalar que aquellos que se opusieron a este plan, como los sindicatos de la Ford y de la Cervecería Modelo, fueron reprimidos. Y es que, a pesar de que pudiera parecer lo contrario, en esta administración se desencadenó una ola de violencia inusitada que llevó al asesinato de figuras públicas y al resurgimiento de la guerrilla en el país. Queda claro que la llegada de Salinas de Gortari al poder significó el desplazamiento de los viejos políticos y el arribo del grupo de los tecnócratas con su nuevo modelo económico: el neoliberalismo. El modelo de desarrollo económico impuesto por ellos marginó a grandes sectores de la sociedad, a los que les negó toda posibilidad de lucha a través de las instituciones políticas.

Como consecuencia de estos reacomodos en la élite política y en el modelo de desarrollo neoliberal, ocurrió —en 1992— el asesinato del Cardenal Juan José Posadas Ocampo y, en 1994, las ejecuciones de Luis Donaldo Colosio, candidato del PRI a la presidencia y de José Francisco Ruiz Massieu, secretario general del PRI, además del levantamiento armado en Chiapas, que continúa hasta nuestros días.

Cabe señalar que la cuestión de la guerrilla en Chiapas también se encuentra vinculada a la atávica explotación que sufren los indígenas en la región, al desinterés de los gobernantes por mejorar sus condiciones de vida, al acaparamiento de tierras en manos de los latifundistas y los ganaderos y a la injusticia social que siempre ha imperado.

La economía fue una de las mayores preocupaciones para Salinas de Gortari. Optó por aprovechar las bases asentadas por su antecesor para poner en marcha el modelo neoliberal de desarrollo económico que, fundamentalmente, consiste en que el gobierno vaya desvinculándose de su participación en la economía para que sea la iniciativa privada el motor del desarrollo económico del país y genere la riqueza social.

Para echar a andar este modelo, el gobierno comenzó a vender a los particulares sus empresas, favoreció al sector financiero y especulativo, se atrajeron capitales extranjeros, se debilitó a los sindicatos y se promovió la concentración del ingreso en pocas manos.

Parte fundamental de dicho proyecto era la apertura de las fronteras comerciales de México para que así se modernizara su economía y pudiera participar activamente en las economías de otras naciones. Por ello, en 1992 se firmó el *Tratado de Libre Comercio de Norteamérica* (TLC) en el que Estados Unidos y Canadá se convertían en socios comerciales del país, siendo los compromisos más importantes adquiridos por México, la liberalización del comercio de sus bienes y servicios y dar fin a la política de subsidios en todos sus ámbitos productivos.

A pesar de sus intenciones de favorecer el ahorro interno, mejorar los niveles de vida de los mexicanos y acabar con los problemas financieros de la nación, los resultados generaron una de las peores —si no es que la peor— crisis económicas de la historia.

Si bien se habían logrado crear inmensas fortunas en pocas manos, éstas jamás redundaron, como se había prometido, en beneficio de la población pues casi la mitad de los mexicanos vivían en la pobreza. La apertura indistinta del mercado generó un enorme déficit comercial —casi 16 mil millones de dólares en 1992— que se pudo cubrir más o menos gracias a los empréstitos foráneos. Cierto es que llegaron grandes sumas de capitales extranjeros, pero el 75% de los mismos se invirtieron en la Bolsa y tan sólo una cuarta parte se destinó a la creación de empleos, siendo así muy magros sus beneficios sociales.

Para evitar brotes de violencia social, el régimen incrementó su gasto social y lo canalizó a través del Programa Nacional de Solidaridad (PRONASOL) cuya finalidad era la de proporcionar servicios básicos e infraestructura a los residentes de las zonas urbanas y rurales de menos recursos, pero sin dar una verdadera solución a sus problemas estructurales.

Las relaciones entre México y Estados Unidos fueron muy buenas pues ambas naciones trabajaron bajo el principio de la buena vecindad, pero sin ceder en materia de soberanía nacional. De igual forma, la necesidad de atraer capitales foráneos llevó a México a diversificar sus vínculos exteriores y a acercarse a las naciones europeas y asiáticas, a quienes se les comenzó a ver también como potenciales socios comerciales.

Las campañas electorales para ocupar la silla presidencial en 1994 tuvieron un inicio flojo, siendo lo más sobresaliente que el nombramiento de Luis Donaldo Colosio Murrieta como el candidato del PRI a la presidencia generó una división importante en el seno del partido ya que Manuel Camacho Solís, entonces regente del Distrito Federal, mostró públicamente su inconformidad.

Ajenos a lo anterior, Cuauhtémoc Cárdenas (PRD) y Diego Fernández de Ceballos (PAN) iniciaron sus campañas con el deseo de quitarle, al fin, el control de la presidencia al PRI.

En marzo de 1994 la sociedad se estremeció cuando Colosio fue asesinado. Mientras que los partidos de oposición detenían temporalmente sus actividades, el proceso electoral se reactivó en el seno del PRI. Por cuestiones de legalidad y de tiempo, Salinas de Gortari designó a Ernesto Zedillo Ponce de León, coordinador de la campaña de Colosio, como el candidato del partido.

Más del 70% de los mexicanos empadronados para votar asistieron a las urnas para darle el triunfo a Zedillo con el 50.03% de los sufragios. Aunque hubieron algunas irregularidades —como el uso de recursos públicos y el empleo abusivo de los medios de comunicación— fueron muy pocos los que cuestionaron el triunfo del candidato cuyo lema de campaña fue "bienestar para la familia".

Ernesto Zedillo Ponce de León.

La presidencia de Ernesto Zedillo Ponce de León

El 1° de diciembre de 1994 asumió la presidencia del país Ernesto Zedillo. Pese a haber contado con un plan de gobierno que dio a conocer durante su campaña electoral, lo cierto es que la crisis económica desatada a partir del día 19 del mismo mes —y de la que se hablará más adelante— generó un cambio radical en su proyecto gubernamental.

Una de sus promesas de campaña que no sufrió mayores cambios fue la de trabajar a favor de la democratización del país, para permitir que otros partidos y agrupaciones pudieran ocupar espacios de participación en la esfera pública, hasta entonces celosamente defendidos por el PRI.

En enero de 1995 se concretó el *Compromiso para el Acuerdo Político Nacional* por el que el Ejecutivo nacional y los partidos representados en el Congreso entablarían un diálogo constante para promover una reforma electoral que fuera capaz de solucionar la problemática de los constantes conflictos postelectorales. Los primeros resultados de estas negociaciones se dieron en julio y agosto de 1996 cuando se reformaron 17 artículos de la Constitución, transformación que —como se constató un año más tarde— imprimió una mayor transparencia a las elecciones locales y nacionales. En ese sentido, las elecciones legislativas y locales de 1997 fueron trascendentales en la historia mexicana del siglo XX pues por primera vez en más de 70 años, el PRI perdió la mayoría absoluta en la Cámara de Diputados y la gubernatura del Distrito Federal cayó en manos del candidato del Partido de la Revolución Democrática (PRD), Cuauhtémoc Cárdenas.

No puede entenderse cabalmente la postura de Zedillo a favor de la democracia sin tomar en cuenta su trabajo a favor de una reestructuración del PRI que incluyera la separación entre el partido y el gobierno —que para muchos era lo mismo— y la transparencia en los procesos electorales internos. Como era de esperarse, hubo priístas que no estuvieron de acuerdo con ello y que, o bien fueron expulsados, o decidieron darse de baja para irse a otras agrupaciones políticas.

La depuración del partido también afectó a Carlos Salinas de Gortari —con quien Zedillo guardaba grandes diferencias. La expulsión del PRI del ex presidente fue una acción efectista que causó revuelo, aunque no tanto como la del encarcelamiento del hermano de Carlos, Raúl, con la acusación de ser el autor intelectual del asesinato de José Francisco Ruiz Massieu y de enriquecimiento ilícito.

De igual forma, durante esta gestión, el gobierno trabajó para descentralizar aún más la toma de decisiones lo que implicó, por supuesto, que los gobiernos estatales tuvieran una mayor soberanía y participación en la política nacional. También se buscó respetar la autonomía de los poderes legislativo y judicial que, históricamente, habían estado bajo la tutela del Ejecutivo y, aunque los logros no fueron abundantes, al menos se marcó un antecedente importante para la siguiente administración.

Zedillo fue el heredero del conflicto armado originado en Chiapas el 1° de enero de 1994. Esta asignatura que Salinas de Gortari le había dejado era difícil de aprobar ya que los guerrilleros no estaban dispuestos a dejar las armas sin que hubiera de por medio el desmantelamiento del latifundismo, la desaparición de las guardias blancas[40], un mayor gasto social en el Estado y el establecimiento de municipios indígenas

---

[40] Grupos paramilitares pagados por los latifundistas para que defiendan sus tierras e intereses.

autónomos. En realidad lo que proponían era la transformación de las estructuras políticas y económicas que, por siglos, imperaban en Chiapas y de las que sacaba mayor provecho, entonces, la oligarquía vinculada al PRI.

El gobierno continuó con las negociaciones establecidas por su antecesor con el Ejército Zapatista de Liberación Nacional (EZLN), pero cuando éstas fracasaron, Zedillo dio la orden de que el ejército cercara la selva Lacandona y capturara al líder del movimiento guerrillero, el famoso "subcomandante Marcos"; pero tras la tibia aceptación social que esta medida tuvo, mandó detener el operativo cinco días después, asentando las bases para que los representantes del gobierno y del EZLN se sentaran de nuevo a negociar; sin embargo, en diciembre de 1997 un grupo de paramilitares supuestamente bajo las órdenes del PRI, irrumpió en la comunidad de Acteal y asesinó a 45 indígenas simpatizantes del EZLN en lo que fue un serio revés para las pláticas de paz y para el propio Presidente, de quien se comenzó a dudar sobre su capacidad para controlar a los sectores más conservadores de su partido.

Respecto al movimiento obrero, hubo cambios significativos ya que, aunque continuó el control estatal de éstos a través de organismos tradicionales como la CTM y el Congreso del Trabajo (fundado por Díaz Ordaz), hubo un mayor respeto al sindicalismo autónomo y se modificó la legislación para que fuera legal —en las oficinas de gobierno— la existencia de más de un sindicato. Un hecho que pareció cambiar el futuro del movimiento obrero en México fue la muerte, en junio de 1997, de Fidel Velázquez, su sempiterno líder. Hubo quienes vislumbraron una nueva era de libertad para los obreros y de sindicatos desvinculados del gobierno. Sin embargo, la designación de Leonardo Rodríguez Alcaine —de la misma escuela de Velázquez— como líder de la CTM y del Congreso del Trabajo, echó al suelo estas especulaciones.

De todos los aspectos del mandato zedillista, es el de la economía —no cabe la menor duda de ello— el que más interés ha despertado y del que más estudios se han realizado.

Su propuesta económica inicial era la de favorecer el crecimiento sostenido del país y mejorar los niveles de vida de la población; sin embargo, tuvo que olvidarse de ella cuando, a poco menos de tres semanas de haber asumido el poder Ejecutivo, estalló el "error de diciembre", la peor crisis económica en la historia de la nación.

La salida masiva de los capitales extranjeros a lo largo de 1995, supuestamente como consecuencia de los asesinatos políticos anteriormente comentados, aunada al interés del gobierno salinista por mantener la paridad cambiaria peso-dólar a niveles bajos, habían disminuido considerablemente las reservas internacionales del Banco de México. Ante lo anterior, Zedillo decretó el 19 de diciembre de 1994 la devaluación del peso en un 15%, lo que generó una mayor compra de dólares y la salida del país de los mismos lo que, a su vez, generó la devaluación de casi el 300% del peso ese mismo día. La situación se hizo más compleja al ver que los CETES —o Certificados de la Tesorería[41]— por 30,000 millones de dólares estaban por vencer y el gobierno nacional no tenía capital suficiente para pagarlos.

Finalmente, la catástrofe pudo evitarse gracias a un plan de socorro que el gobierno de Norteamérica elaboró y a través del cual se comprometía a otorgar a México un préstamo de más de 50,000 millones de dólares a cambio de que la administración zedillista se comprometiera a llevar a cabo una disciplina fiscal y monetaria, recortar el gasto público, bajar la inflación, elevar en 5% el Impuesto al Valor Agregado (IVA) y elevar los precios y tarifas del sector público.

El costo social de esta crisis y medidas fue muy alto pues miles de negocios cerraron, millones de mexicanos quedaron desempleados y más empobrecidos, el poder adquisitivo de la población disminuyó y las actividades delictivas aumentaron cuantiosamente.

Poco a poco, la economía mexicana fue recuperándose, los capitales retornaron, se crearon fuentes de empleo, la paridad cambiaria se estabilizó, al igual que las tasas de interés, y la inflación fue controlada. Claro está que con ello no pudo revertirse el daño sufrido por el sistema económico cuyos efectos, según los economistas, seguiría padeciendo la población por 20 o más años.

En el mundo de las relaciones exteriores, el gobierno de Zedillo se caracterizó por una continuidad en lo que se refería al respeto en la autodeterminación de los pueblos y la ampliación de los vínculos comerciales con otros países. Al respecto, las relaciones entre México y Estados Unidos fueron muy buenas. Además del *Tratado de Libre Comercio*, habrá que recordar el préstamo antes citado y el hecho de que México lo pagara en 1997, tres años antes de su vencimiento. Además, se firmó un pac-

---

[41] Deuda en dólares a corto plazo que el gobierno mexicano había adquirido.

to de cooperación entre ambas naciones en contra del narcotráfico, un hecho sin precedente alguno, que tenía como meta calmar la desconfianza que el Congreso estadounidense tenía hacia México. Cabe señalar que este acercamiento incitó al gobierno cubano a verter críticas hacia su similar mexicano, que fueron respondidas con una invitación a que se respetaran las libertades de los cubanos.

Para compensar la dependencia que México tenía con su vecino del norte, el Presidente viajó por el mundo para crear una red de tratados de libre comercio que incluye a varias naciones, centro y sudamericanas, y a la Unión Europea. Ésta última puso como condición para ello que en México hubiera avances en la defensa de los derechos humanos y en la democracia. El Tratado de Libre Comercio con la Unión Europea se firmó en el año 2000.

De cara a las elecciones presidenciales de julio del 2000, Zedillo consideró que era conveniente que la nominación del candidato del PRI ya no se diera más por el tradicional "dedazo" sino que hubiera una elección interna entre los cuatro aspirantes más fuertes: Roberto Madrazo, ex gobernador de Tabasco, Francisco Labastida, secretario de Gobernación, Manuel Bartlett, ex secretario de Gobernación y de Educación Pública, y Roque Villanueva, ex diputado federal. Tras un proceso interno fraudulento, según el sentir de los aspirantes perdedores, salió triunfante el candidato de Zedillo: Labastida.

Sin embargo, las cosas no fueron sencillas para Labastida. Tuvo que enfrentarse al candidato panista, Vicente Fox, ex gobernador de Guanajuato que, a través de la mercadotecnia, su carisma y un toque de populismo y espontaneidad, supo atraerse el apoyo de un amplio sector de mexicanos golpeados por la situación económica y deseosos de un cambio político.

El 2 de julio de 2000 fue un día de contrastes, pues mientras que los panistas festejaban el triunfo de Fox con el 42.9% de la votación, Labastida solamente alcanzó el 35.3% de los sufragios.

Zedillo se apresuró a reconocer el triunfo foxista con un mensaje en el que expresaba: "Hace un momento me he comunicado telefónicamente con el licenciado Vicente Fox para expresarle mi más sincera felicitación por su triunfo electoral, así como para manifestarle la absoluta disposición del Gobierno que presido a fin de colaborar, desde ahora y hasta el próximo primero de diciembre, en todos los aspectos que sean importantes para el buen inicio de la próxima Administración Fede-

Vicente Fox Quesada.

ral[42]". Este discurso no fue letra muerta pues el Presidente cumplió lo ahí prometido y ayudó a que la transición fuera pacífica y ejemplar.

La presidencia de Vicente Fox Quesada

Hacer un análisis de la presidencia de Vicente Fox es una labor un tanto difícil ya que, a diferencia de los presidentes estudiados, su administración acaba de concluir y ello imposibilita hablar de la misma de manera retrospectiva.

Al asumir la presidencia de México, Fox tenía dos grandes metas: afianzar la democracia en México, a través de la estabilidad política, y fortalecer la economía nacional a través de una mayor integración con la economía norteamericana.

La política interna bajo el régimen foxista poseyó varias características. En principio, se hizo patente una auténtica separación de los poderes Ejecutivo, Legislativo y Judicial. Ya han pasado los tiempos en los

---

[42] http://www.zedillo.presidencia.gob.mx/pages/dic/jul00/02jul00-3.html

que los dos últimos se encontraban sometidos a la voluntad del primero y muestra de ello fue —en el 2002— la negativa que, por primera vez en la historia del México emanado de la Revolución, dio el Congreso al Ejecutivo para que hiciera una gira de trabajo en Estados Unidos.

La libertad del poder Judicial en el país se hizo sentir cuando, en el año 2001, el Congreso de Tabasco convocó a nuevas elecciones para renovar al Ejecutivo local después de que el Instituto Electoral del Estado aportó pruebas sobre las flagrantes irregularidades cometidas por el PRI. De igual forma, en otra acción sorprendente, la Suprema Corte abrió al público los expedientes vinculados con la represión de los movimientos estudiantiles de 1968 y de 1971, siendo uno de los momentos álgidos cuando se obligó al ex presidente, Luis Echeverría, a que se presentara frente a la justicia para contestar una serie de preguntas sobre el tema. A pesar de la polémica generada en torno a si los delitos cometidos por los responsables habían prescrito, el hecho de que el tema fuera tocado, tratado y discutido, ha sido un gran paso que se ha dado no sólo para esclarecer una parte importante del pasado, también para hacer un poco de justicia a las víctimas y a los sobrevivientes de estos hechos.

La idea que Fox tuvo de hacer de su gobierno una administración transparente, le llevó a elaborar una ley para que toda la información concerniente al gobierno federal[43] y a sus trabajadores —en su calidad de funcionarios públicos— estuviera al alcance de todos los ciudadanos en oficinas de atención al público o en *Internet*.

Si bien la autonomía del poder Judicial se puede entender gracias a un verdadero espíritu democrático tanto de la sociedad como de su Presidente, el caso del Congreso, ello habría que buscarlo en su composición. A lo largo de este mandato, en el Congreso el PAN, el PRD y el PRI controlaron, cada uno, casi una tercera parte de la Cámara de Diputados, de tal manera que no existió formación alguna que contara con la mayoría absoluta. En cambio, en el Senado sí existió una mayoría absoluta en manos del PRI, partido ahora de oposición.

Cierto es que sobre el papel, este contexto pudo ser un aliciente para la democracia ya que obligaba a los partidos a dialogar y a buscar acuerdos para impulsar la vida legislativa del país; sin embargo, la realidad fue otra. Las disputas entre las tres organizaciones políticas impidieron la realización de los pactos necesarios para llevar a cabo las re-

---

[43] Salvo la relacionada con la seguridad nacional, en esencia.

formas estructurales en materia de recaudación fiscal y de energía eléctrica, que tanta falta hacían al país.

Las relaciones entre el Presidente Fox y el sindicalismo oficial no cambiaron mucho respecto a la administración anterior, salvo por el hecho de que hubo un mayor respeto a los sindicatos autónomos. Algo similar sucedió con la guerrilla en Chiapas pues si bien Fox, como candidato, aseguró que iba a resolver el problema en quince minutos, ni la llegada de una caravana zapatista a la Ciudad de México ni la presentación del Subcomandante Marcos en la Cámara de Diputados ayudaron a que los acuerdos de paz se firmaran en este sexenio.

Aunque se pusieron en marcha esfuerzos para hacer de México un país democrático y que el gobierno fuera más receptivo a las demandas de la sociedad, es una realidad que los problemas sociales no desaparecieron. Varios fueron los más sonados, tales como la renegociación del apartado agrícola del *Tratado de Libre Comercio* (TLC), la construcción del nuevo aeropuerto y el desafuero de Andrés Manuel López Obrador, jefe de gobierno del Distrito Federal. Cabe señalar que mientras que la primera problemática fue una herencia del gobierno de Salinas de Gortari, la segunda fue creada por la administración foxista.

A fines del año 2002 e inicios del 2003, surgió en el país un movimiento campesino a raíz de los daños que este sector ha sufrido en casi una década de aplicación del TLC. Durante este tiempo, los niveles de pobreza en el agro mexicano aumentaron considerablemente gracias a la apertura de la frontera mexicana a los productos agrícolas norteamericanos. Fue un hecho que los campesinos nacionales no pudieron competir en precio contra los productos de sus similares norteamericanos, que eran dueños de mejores insumos de trabajo, de una mayor extensión de tierras, de grandes subsidios, y disponían con más rapidez y con condiciones más favorables, de préstamos.

El 1° de enero de 2003 entró en vigor la penúltima fase del TLC con la que se quitaban los impuestos a gran parte de los productos agrícolas —salvo el frijol, arroz y leche deshidratada—. Ello implica, para los agricultores mexicanos, tener que competir ahora contra una serie de artículos mucho más baratos que los suyos. En otras palabras, se enfrentaban a la amenaza de empobrecerse aún más.

Tras la negativa del gobierno mexicano a renegociar el TLC con Canadá y Estados Unidos, los campesinos organizaron una serie de movilizaciones en la Ciudad de México que presionaron a las autoridades. Se llevaron a cabo una serie de mesas de discusión en el Archivo General de la Nación y, a finales de abril de 2003, se firmó el *Acuerdo Nacional para el Campo* por el que el gobierno se comprometió a renegociar el TLC y a utilizar diversos medios para reducir los impactos negativos del mismo, acuerdo que hasta el día de hoy no se ha cumplido.

El crecimiento desmedido de la Ciudad de México ha generado, entre múltiples consecuencias, el desfase de su aeropuerto internacional, demasiado pequeño para las necesidades actuales. En ese sentido, el régimen del Presidente Fox diseñó un proyecto para que, al final de su mandato en 2006, se hubiera terminado la construcción de un nuevo aeródromo en Texcoco. El problema fue que los terrenos sobre los que se concretaría este plan eran de carácter ejidal y que sus propietarios —a quienes jamás se les preguntó si estaban de acuerdo o no— se les quería pagar una cantidad irrisoria por hectárea.

De entre todas las comunidades, fue la de San Salvador Atenco la más afectada. Sus habitantes salieron rumbo a la Ciudad de México, con machete en mano, para expresar su rechazo a la propuesta gubernamental.

Después de varias manifestaciones, de un ejidatario muerto y de varios policías heridos, Fox tuvo que dar marcha atrás y, al hacerlo, dio una victoria moral a los ejidatarios que puso en evidencia a otros grupos lo que se podía lograr a través de las movilizaciones y —por qué no decirlo— del uso de la violencia para presionar a la autoridad.

Los intentos por desaforar al jefe de gobierno del Distrito Federal dieron inicio en 2005, a raíz de que Andrés Manuel López Obrador, miembro del PRD, se negara a acatar la decisión de la Suprema Corte de Justicia que lo obligaba a devolver el predio del Encino —expropiado por él años atrás— a sus propietarios. El problema, de naturaleza jurídica, adquirió tintes políticos cuando los diputados panistas propusieron a la Cámara que le fuera quitado el fuero a López Obrador para que pudiera ser enjuiciado por desacato, situación que se hizo más compleja cuando Vicente Fox se manifestó públicamente a favor del proceso e inició una serie de disputas con el jefe de gobierno.

La proximidad de las elecciones presidenciales, grabaciones donde se mostraba a funcionarios públicos cercanos a López Obrador recibiendo sobornos o gastando grandes fortunas en Las Vegas, hicieron pensar a varios que se intentaba de un esfuerzo, por parte del Gobierno, por evitar que el jefe de gobierno del Distrito Federal pudiera competir en ellas como candidato presidencial del PRD. No obstante que la Cámara de Diputados quitó el fuero a López Obrador, las presiones de los miembros del PRD, de sus seguidores y de la opinión pública lograron que, en 2005, la decisión fuera revocada, fortaleciendo aún más la figura de López Obrador.

Respecto a la economía, el gobierno de Vicente Fox tuvo grandes contrastes. Por un lado, los logros en materia de estabilidad fueron notables, pues las fluctuaciones económicas internacionales del inicio de su mandato como la crisis de Argentina entre 2001 y 2002, no tuvieron repercusiones en México, como hubiera sucedido años atrás. Asimismo, durante gran parte del sexenio, el peso se apreció gracias a la política monetaria conservadora del Banco de México y a una paridad cambiaria que no sufrió grandes sobresaltos, salvo los padecidos por la guerra entre Estados Unidos e Irak. El aumento del precio del barril de petróleo en el 2005 y 2006, como consecuencia del conflicto anterior y de otros factores —como el estallido de oleoductos en Nigeria—, permitió al gobierno obtener ingresos considerables por la exportación de este recurso, de los que una parte fue repartida entre los estados de la federación mientras que la opinión pública se preguntaba qué se hizo con el resto.

Sin embargo, la falta de una reforma fiscal de fondo que incluyera una ampliación de la base de recaudación, de una reforma a la industria eléctrica que permitiera la participación de capitales privados —y una consiguiente competencia—, así como de una reforma a la ley laboral que eficientara la mano de obra nacional, fueron serios problemas que obstaculizaron el desarrollo económico del país. Los capitales extranjeros no llegaron en las cantidades esperadas, pues pusieron su vista en mercados emergentes más atractivos; las maquiladoras del norte del país emigraron tras encontrar condiciones favorables (mano de obra, insumos y servicios más baratos) en Centroamérica, el desempleo aumentó y el crecimiento económico distó mucho de ser ese 7% anual prometido por Fox durante su campaña electoral.

Fox realizó giras de trabajo por América, Asia y Europa para estrechar los vínculos diplomáticos y comerciales con naciones tan diferentes como lo son China, Francia y Estados Unidos.

La política exterior del Presidente fue innovadora, pues tenía un carácter más agresivo y protagónico que el tradicional. Muestra de ello fue el hecho de que México ocupara un puesto como miembro no permanente del Consejo de Seguridad de la Organización de las Naciones Unidas (ONU). La búsqueda constante del respeto de los derechos humanos y de la democracia en el mundo fue motivo para que México votara en la ONU —por vez primera en su historia— contra Cuba y a favor de que se enviara un inspector de este organismo para estudiar el estado de la cuestión en la isla.

En ese sentido, las relaciones entre México y Cuba se enfriaron en el sexenio. En un principio, ello se debió a supuestas diferencias ideológicas basadas en el conservadurismo del Presidente mexicano frente a las ideas socialistas de su similar caribeño y que, con el paso del tiempo, se agravaron con errores de diplomacia que incluyeron —por citar un ejemplo— omisiones protocolarias del Ejecutivo mexicano en el marco de una cumbre de mandatarios celebrada en Monterrey. La situación llegó a tal extremo, que Cuba y México retiraron por un breve periodo a sus embajadores, sin que por ello rompieran relaciones.

Otra nación hispanoamericana con la que se tuvieron roces fue Venezuela. La política de izquierda de su Presidente, Hugo Chávez, el apoyo público que éste brindó a López Obrador —primero ante el desafuero de éste y luego en su candidatura a la presidencia— y la imprudencia de Chávez y de Fox al atacarse en cuanta oportunidad encontraron, fueron condiciones que tensaron la relación entre México y Venezuela al extremo de que, hasta el inicio del año 2007, ambas naciones mantienen vínculos comerciales —mas no diplomáticos— entre sí.

Inicialmente, los vínculos entre México y Estados Unidos fueron bastante buenos por las similitudes en opiniones y formas de vida entre los mandatarios de ambas naciones. Además, la postura pronorteamericana de Fox era tan bien vista en Estados Unidos, que se comenzó a hablar de la posibilidad de firmar un acuerdo migracional en el futuro cercano, proyecto que, sin embargo, se vio debilitado tras los ataques sufridos por los norteamericanos el 11 de septiembre de 2001 y por la política antiinmigrante que la administración de Bush ha fomentado —con intereses claramente políticos— a partir de la reelección del Presidente norteamericano en 2004.

Curiosamente, la llegada de México al Consejo de Seguridad de la ONU fue un elemento que ayudó al distanciamiento diplomático de ambos países. El deseo, por parte de Estados Unidos, de contar con el apoyo de este organismo para llevar a cabo una agresión militar contra Irak que implicara la destitución de su líder, Sadam Hussein, causó una gran presión entre los miembros del Consejo de Seguridad. Si bien los norteamericanos creían contar con el apoyo incondicional de su vecino del sur, lo cierto es que la política internacional de México no había cambiado tanto como para votar a favor de una guerra. Aunque la votación jamás se realizó, la administración Bush quedó resentida por la falta de apoyo mexicano hasta el fin del mandato foxista.

El proceso electoral del 2006 no sólo fue uno de los más reñidos, también uno de los más polémicos en la historia contemporánea del país. Si bien el PRI presentó como candidato presidencial a Roberto Madrazo, el PAN a Felipe Calderón y el PRD a Andrés Manuel López Obrador, lo cierto es que la contienda se desarrolló sólo entre estos dos últimos.

En un principio, López Obrador contaba con una ventaja considerable, producto de los logros alcanzados como jefe de gobierno del Distrito Federal y del proceso de desafuero antes mencionado; sin embargo, Calderón logró acortar distancias gracias a su desempeño en los dos debates presidenciales que fueron emitidos en cadena nacional[44] y a una campaña mediática que mostraba a López Obrador como un peligro para México. Es importante señalar que, una vez que el candidato panista dio alcance en las encuestas a su oponente, el PRD también echó mano de este recurso cuestionable.

Las elecciones tuvieron lugar el 2 de julio de 2006 bajo un clima enrarecido por el pobre nivel de las campañas y las recriminaciones mutuas. Los resultados del proceso electoral fueron los siguientes: 35.89% para Felipe Calderón, 35.31% para Andrés Manuel López Obrador y 26.22% para Roberto Madrazo.

Dado que la diferencia de votos entre los dos primeros candidatos era inferior al uno por ciento, el PRD acusó al PAN y al gobierno federal de haber cometido un supuesto fraude electoral y lanzó una campaña que, bajo el lema "voto por voto, casilla por casilla", exigía a las autoridades electorales el recuento total de las boletas, en una petición que se encontraba al margen de la ley. A ello se sumó una campaña de movilizaciones y protestas en la Ciudad de México —bastión perredista en el país— que implicaron el bloqueo de Paseo de la Reforma (vialidad primaria de la capital del país) por más de treinta días y el desarrollo de un

---

[44] Cabe destacar que el candidato perredista se abstuvo de participar en el primero de ellos.

Felipe Calderón Hinojosa.

discurso radicalizado que exaltaba las marcadas diferencias sociales que son propias de México. El resultado no fue el esperado por las autoridades del PRD y por su candidato, en virtud de que poco a poco, pero de manera sistemática, fueron perdiendo el apoyo popular masivo.

En el marco de un país aún dividido por el proceso electoral, Felipe Calderón asumía la presidencia del país el 1° de diciembre de 2006 con los compromisos de gobernar sin distinción partidista, generar más empleos, combatir la inseguridad y el narcotráfico y combatir exitosamente la pobreza.

7021 W HIGGINS
HIGGINS AVE.

Impreso en:
Impresiones Precisas Alfer, S.A. de C.V.,
Calle Nautla No. 161 Bodega 8,
Col. San Juan Xalpa, Iztapalapa,
C.P. 09850 México, D.F. Enero de 2008